Welder Lancieri Marchini

Perseverando com Jesus
Catequese com adolescentes

Livro do catequista

Petrópolis

© 2015, Editora Vozes Ltda.
Rua Frei Luís, 100
25689-900 Petrópolis, RJ
www.vozes.com.br
Brasil

Todos os direitos reservados. Nenhuma parte desta obra poderá ser reproduzida ou transmitida por qualquer forma e/ou quaisquer meios (eletrônico ou mecânico, incluindo fotocópia e gravação) ou arquivada em qualquer sistema ou banco de dados sem permissão escrita da editora.

Diretor editorial
Frei Antônio Moser

Editores
Aline dos Santos Carneiro
José Maria da Silva
Lídio Peretti
Marilac Loraine Oleniki

Secretário executivo
João Batista Kreuch

Revisão: Leonardo Portella
Projeto gráfico e diagramação: Ana Maria Oleniki
Capa: Ana Maria Oleniki

ISBN 978-85-326-5140-2

Editado conforme o novo acordo ortográfico.

Este livro foi composto e impresso pela Editora Vozes Ltda.

Sumário

INTRODUÇÃO 9

O trabalho com os adolescentes 10
- Quem é o catequizando de perseverança? 10
- O que é a catequese de perseverança? 11
- Do que se trata na catequese de perseverança? 13

Orientações metodológicas 15
Interação fé e vida 15
Método "ver, julgar, agir e celebrar" 17
O uso de textos bíblicos 19
Como trabalhar com os temas 20
a. Temas – encontro – encontros 20
b. Organização de tempo 20
c. Organização dos espaços 21
Como fazer bom uso do material? 22
a. Canções 22
b. Poemas 23
c. Filmes 23
d. Dinâmicas 24
e. Brincadeiras 24

Momentos para desenvolver os temas 25

TEMA INTRODUTÓRIO: Sou adolescente 29

TEMA 1: A música que me toca 33
Incomodados pela pessoa de Jesus 33
Incomodados pelo Reino 38

TEMA 2: Sonho de Deus... nossos sonhos 43
E Deus sonhou com o Paraíso 43
Sonhamos juntos 47

TEMA 3: Viva o colorido! 53
A diversidade é dom de Deus 53
Convivendo com quem é diferente 57

TEMA 4: Abrindo portas, destruindo muros! 61
Jesus é porta sempre aberta 61
Abrindo a porta de nossa vida 64

TEMA 5: E agora, o que fazer? 71
Permanecer no amor de Deus 71
Escolher o amor de Deus 75

TEMA 6: Não foi bem como eu queria. E agora? 79
O erro e a perda como parte da vida 80
Situações que fazem parte de nossa vida 82

TEMA 7: Convivendo e aprendendo na cidade onde moramos 88

TEMA DE ENCERRAMENTO: Jesus faz a diferença 93

BIBLIOGRAFIA 96

Apresentação

A catequese é um momento oportuno de aproximação com o amor apaixonado de Deus, revelado por Jesus, nosso irmão e amigo fiel. É escola de vida e de fé, de crescimento humano e espiritual, pois catequistas e catequizandos percorrem por um bom tempo, juntos, uma jornada de perseverança para ver Jesus e permanecer com Ele.

A perseverança sempre foi vista como um desafio para a catequese em nossas comunidades. De fato, ela é mais do que um desafio. Perseverar é a meta, pois nosso objetivo é fazer com que todos os envolvidos no processo catequético se encantem por Jesus Cristo, por suas palavras e atitudes, e perseverem no seu caminho. Hoje, a Igreja, no esforço de resgatar o processo de Iniciação à Vida Cristã, ajuda-nos a entender que se faz necessário um novo agir, um novo ardor, novos métodos e expressões para tornar possível uma catequese que leve a pessoa a um encontro com o Mestre. Em Jesus, encontramos o caminho vivo e possível de se percorrer, de intimidade e contemplação, de sair em missão e anunciar a alegria do Evangelho.

O Papa Francisco, em fevereiro de 2015, disse aos consagrados que Jesus é "o único caminho que, concretamente e sem alternativas, devemos percorrer com alegria e perseverança". O caminho nos leva ao anúncio. Por isso devemos ser uma Igreja em saída, diz o Papa Francisco. Sair e perseverar no caminho de Jesus não é apenas necessário, mas sim uma rica e bela experiência de comunhão com Ele e sua Igreja.

Os catequistas que estão sempre em busca de recursos para complementar a partilha de suas experiências de fé com seus catequizandos na catequese de perseverança podem se alegrar e contar com mais este material, que agora chega às nossas mãos.

O livro de Welder Lancieri Marchini, amigo e catequista de São Paulo, é um instrumento capaz de contribuir para que catequistas e catequizandos possam perseverar com Jesus. Muito sugestivo é o título da obra, pois nos lembra de que não estamos sozinhos, "Ele está no meio de nós!" (cf. Lc 24, 13-31). Em seu trabalho, apresenta-nos ricas reflexões, orações e estratégias adequadas a uma catequese com adolescentes. De maneira prática e com estilo inovador, este material servirá como mediação entre o conteúdo da catequese e a experiência de vida e de fé para os adolescentes de nossas comunidades.

Parabéns, amigo Welder, pela iniciativa e inspiração! Parabéns, catequistas, pela oportunidade de mergulhar nessa linda aventura chamada catequese.

Juntos na missão!

Pe. Paulo Gil
Coordenador da Animação Bíblico-Catequética CNBB/ Regional Sul I

Caros catequistas,

Perseverar no caminho de Jesus é o objetivo do processo catequético. Nos últimos tempos a Igreja tem se esforçado por resgatar esse processo como Iniciação à Vida Cristã, entendido como uma catequese que busca criar uma íntima comunhão entre o catequizando e Deus.

Junto dessa dimensão eclesial temos também a vida cotidiana, prática, concreta, que nos desafia a uma adesão à pessoa de Jesus que dê sentido à nossa existência. As questões relacionadas ao trabalho, lazer ou vida escolar e familiar não estão alheias ao processo catequético. Nosso catequizando está inserido neste mundo e é deste mundo que partiremos para uma efetiva catequese de perseverança.

Outra característica dos adolescentes acostumados com o mundo da internet é a capacidade de relacionar assuntos. Eles têm enorme facilidade de discutir um assunto ou um acontecimento, desdobrando-o em vários assuntos e relacionando-os com vários outros. Por isso, esta obra não se divide em encontros, mas em temas. Um tema pode ter vários assuntos que se conectam, formando uma rede de informações.

Tendo em vista a pouca oferta de material para a catequese de perseverança e a necessidade das comunidades, queremos oferecer uma proposta de catequese que discuta a vida cotidiana à luz da Palavra de Deus e dos ensinamentos da Igreja. Jesus e a Igreja têm muito que oferecer aos adolescentes da sociedade atual.

Sabemos do entusiasmo de vocês, catequistas, que se dedicam incansavelmente para a realização de um bom processo catequético. Queremos ajudá-los nesse empenho pela evangelização e trabalhamos para que as necessidades dos catequizandos e sua inserção na vida em comunidade e no seguimento de Jesus de Nazaré fosse o horizonte de um processo catequético. Assim como Jesus, queremos propor reflexões, orações e discernimentos que apontem para o Reino.

Um fraterno abraço,
Welder

Introdução

Inspirada nas palavras de Jesus, "ide, portanto, e fazei que todas as nações se tornem discípulos, batizando-as (...) e ensinando-as a observar tudo quanto vos ordenei" (Mt 28,19), a Igreja tem a missão de anunciar os gestos e ensinamentos do homem de Nazaré. Todos os trabalhos da Igreja fazem parte de sua missão evangelizadora, e a catequese é espaço fundamental e privilegiado para que isso aconteça. Assim, a catequese se faz espaço de evangelização, iniciação na fé e inserção na vida comunitária.

Quando assumimos a fé e o seguimento de Jesus Cristo temos nossa vida transformada sob três aspectos:

1. A experiência com Jesus transforma nossa *vida pessoal*; nossos sentimentos, afetos e emoções ganham nova vivência; passamos a nos conhecer e nos valorizar como criaturas amadas por Deus.

2. Conhecendo-nos melhor, mudamos o nosso modo de nos relacionar com as *pessoas* e com a *sociedade*; nossas amizades ganham nova dimensão; a família passa a ser lugar privilegiado da vivência do amor; a sociedade é vista como local onde o Reino de Deus acontece.

3. Sentimos que a *comunidade cristã* pode ser lugar de aprendizado e cultivo da fé, e por isso somos cativados a participar cada vez mais da vida eclesial.

A catequese de perseverança (que abreviaremos por CP) tem por objetivo levar os adolescentes a perceberem que o Cristo que receberam na Eucaristia quer fazer parte de suas vidas afetiva e efetivamente. Por isso, a CP é chamada a abordar temas relevantes à vida dos adolescentes a partir das dimensões pessoal, sociorrelacional e eclesial, de modo a possibilitar a transformação em suas vidas pela experiência e vivência dos ensinamentos de Jesus Cristo e da comunidade de fé.

O trabalho com os adolescentes

Quem é o catequizando de perseverança?

Primeiramente, temos que ter consciência de que nenhum catequizando está fora de seu tempo e de sua realidade. Também o catequista é fruto de seu tempo. Por isso, é imprescindível conhecermos bem o momento histórico que vivemos para podermos estabelecer um bom relacionamento com os catequizandos. Nossos tempos são de profundas transformações (DGAE 20-21). Marcada pelo consumo, pela busca de afirmação da individualidade e pelo forte apelo à sexualidade, a realidade que nos cerca nos chama a pensarmos uma catequese que não fuja dessas questões, mas as ilumine. A vontade de Jesus é que estabeleçamos um profundo diálogo com as necessidades de nosso tempo com a ousadia e o entusiasmo próprios dos discípulos que "avançam para águas mais profundas" (cf. Lc 5,4) sendo "sal e luz" (cf. Mt 5,13-16) na vida da sociedade e da comunidade de fé.

A adolescência é a fase do descobrimento da sexualidade. O corpo sofre profundas transformações. Quando estamos com uma turma de adolescentes é importante sabermos que não temos um padrão de transformações corporais. Alguns deles passam pelas mudanças corporais antes dos outros. Isso gera impactos nas relações e na autoimagem dos adolescentes. Afinal, nessa idade eles se comparam uns com os outros para formar sua autoimagem. Por isso é tão comum um adolescente se achar um "patinho feio" em relação ao resto da turma, quando ainda não passou pelas transformações físicas dessa etapa de vida.

Também é nesse momento que os adolescentes formam seus "grupinhos". Eles se associam àqueles que têm as mesmas características físicas ou emocionais, ou que apresentam os mesmos gostos e hábitos. Eles passam a se vestir, agir e falar de acordo com o grupo a que aderiram.

Muitas vezes são todos muito parecidos aos nossos olhos, mas não são. Precisamos olhar as características, anseios e angústias de cada um deles. Também precisamos nos preocupar com aqueles que se isolam. É comum ter aquele adolescente que se sente deslocado em relação ao grupo por não se identificar com os demais.

Esses adolescentes querem fazer parte. Em tudo na vida deles é assim. Na internet, eles participam, fazem seus comentários, postam suas fotografias e imagens. Estão na era da interatividade. Na TV, acompanham com empenho seus artistas, seriados ou temas preferidos, como esportes radicais, filmes sobre robôs etc. Tudo o que fazem é acompanhado de muita intensidade, pela interatividade e pela participação. Por que na catequese haveria de ser diferente? Uma catequese voltada para os adolescentes deve prezar pela interatividade e pela participação.

Se olharmos para os Evangelhos, Jesus sempre educou seus discípulos para a participação, impulsionando-os para que eles fizessem parte de seu projeto de evangelização. Vemos isso quando Jesus pede que eles organizem a distribuição dos pães no episódio da multiplicação (cf. Mc 6,30-44), ou quando Jesus cura o cego Bartimeu e pede que os discípulos o chamem (cf. Mc 10,49). Como iniciação ao discipulado de Jesus, a CP é chamada a trabalhar nos catequizandos a atitude de iniciativa daqueles que, a partir de sua experiência de fé, cultivam a participação no projeto de Jesus e na construção de seu Reino (cf. Mc 16,15-18).

O Reino de Deus se tornou a grande motivação dos discípulos que passaram seguir Jesus de Nazaré. Seguindo a mesma lógica de Jesus, o catequista da CP pode ser esse contato do adolescente com a pessoa Dele, tendo como resposta a atitude de comprometimento com o Reino. O adolescente, encantado pela proposta do seguimento a Jesus, trará consigo sua intensidade e alegria, assumindo a atitude dos seguidores de Jesus.

Se assumimos que apenas um modo de ser adolescente é o correto, não conseguiremos entender a realidade desses nossos catequizandos. Uma postura coerente com a postura de Jesus é a da compreensão e acolhida próprias de quem tem compaixão. Devemos ser acolhedores com nossos catequizandos, entender seus anseios e angústias, seus dilemas e valores. Será que a Igreja, com seus ensinamentos, tem algo a dizer a esses catequizandos sobre tudo o que eles vivem? Será que os textos bíblicos podem iluminar a vida desses nossos adolescentes? É claro que sim!

O que é a catequese de perseverança?

A CP é cada vez mais comum em nossas comunidades. Contudo, pouco se sabe sobre ela. Primeiramente, devemos saber que a CP não é uma exigência da Igreja no Brasil. Os documentos da CNBB, como o *Catequese Renovada* (CR 131-141), as *Diretrizes Gerais da Ação Evangelizadora 2011-2015* (DGAE 47.78.81.91.109) e o *Diretório de Catequese* (195-196) falam do trabalho de evangelização da catequese dos adolescentes e jovens, mas não determinam que haja a CP. Mas se a Igreja não pede categoricamente que as comunidades organizem a CP, por que ela é cada vez mais comum? Isso é simples: ela surge de uma necessidade das comunidades. Por haver pouca bibliografia sobre a CP, partirei muito mais da realidade que vivi pastoralmente. Aqui, tomo a liberdade de utilizar elementos da realidade pastoral de algumas paróquias da Diocese de Limeira, local onde trabalhei por bastante tempo. Também levei em conta o que vi na prática de algumas comunidades por onde passei em Bragança Paulista e Belo Horizonte, e o que escutei dos catequistas em meu trabalho como promotor para a catequese da editora Vozes, principalmente no interior do estado de São Paulo. As paróquias enfrentam uma realidade desafiadora. As crianças celebram, na sua maioria, sua Primeira Eucaristia com aproximadamente 11 ou 12 anos de idade. Existe uma orientação pastoral, em muitas regiões, de que os jovens não sejam crismados com menos de 15 anos de idade. Essa orientação é coerente, se assumimos o princípio de que a Confirmação é o Sacramento da maturidade cristã, e o catequizando precisa ter consciência do compromisso que está assumindo. É claro que aqui cabe a reflexão de que não é a idade estritamente cronológica que traz a maturidade. Alguém de 14 anos de idade pode ser mais maduro e preparado para receber o Sacramento da Confirmação do que um adulto de 30 anos que não tem compromisso com a fé que professa. Mas é inegável que necessitamos de algum critério para que não caiamos no laxismo pastoral.

Mas e a CP? Na situação citada acima temos um problema de ordem prática. Se alguém faz a Primeira Eucaristia aos 11 ou 12 anos e só pode entrar na catequese crismal aos 14, o que faz nesse meio tempo? A catequese não se limita aos encontros de catequese, mas se expande também à igreja doméstica. A família é sempre responsável por inserir seus filhos no seguimento de Jesus. A comunidade como um todo também é responsável pela catequização de seus adolescentes. Nesse ideal de catequese, o adolescente continua participando da vida comunitária até que chegue o momento de retornar à catequese sacramental. Mas na prática não é bem o que acontece. Muitos adolescentes acabam não retornando à catequese crismal.

Tendo em vista esse desafio pastoral, surge a ideia de se criar uma catequese diferenciada para esse tempo. É preciso ser algo menos doutrinal e mais vivencial, afinal, os catequizando da CP são adolescentes que acabaram de se preparar para a Primeira Eucaristia e em breve se prepararão para o Sacramento da Confirmação. Também é preciso trabalhar a participação desses adolescentes na vida comunitária, englobando a vivência litúrgica, pastoral e eclesial.

De uma dificuldade pastoral nos vem uma luz que reafirma nosso ideal de uma catequese permanente. As *DGAE 2011-2015* nos dizem que "nos dias atuais, a catequese de inspiração catecumenal, que equivale ao processo de iniciação cristã, adquire grande importância, não limitada a crianças. Trata-se de uma catequese não ocasional (apenas na ocasião de preparar-se para receber algum sacramento), mas permanente" (DGAE 85). A CP pode estar dentro desse tempo. Diferentemente da catequese eucarística ou crismal, ela não visa à preparação imediata a um Sacramento. Sem ter como principal foco os conteúdos da doutrina, ela pode ser o tempo de mostrar, com maior empenho, que o adolescente pode ser um seguidor da pessoa de Jesus Cristo mediante as dificuldades, alegrias e características de seu cotidiano.

As *Diretrizes da Ação Evangelizadora da Igreja no Brasil para o período 2015-2019* (Doc. 102 CNBB) assumem as perspectivas traçadas nas diretrizes de 2011-2015, mas também assumem as ideias trazidas pelo Papa Francisco na *Evangelii Gaudium*, que propõem uma Igreja "em saída", que vá ao encontro das pessoas. As DGAE 2015-2019 tratam de evangelização da juventude como fundamental (cf. Doc. 102 CNBB 76). Também aborda a importância da catequese de inspiração catecumenal (Doc. 102 CNBB 44) e da Iniciação à Vida Cristã (Doc. 102 CNBB 33). Não há menção à evangelização da adolescência ou da catequese de perseverança, mas há a explicitação de que a catequese deve superar a simples recepção de um Sacramento. A catequese deve ser continuada (Doc. 102 CNBB 84). Assim, assumimos a catequese com adolescentes como momento propício de viabilizar o contato entre eles e Jesus.

Longe de ter a pretensão de trazer ideias emolduradas sobre o que é a CP, este material quer apresentar informações sobre as várias experiências com as quais tive contato ao longo desses anos. Há uma carência de material para a CP. Há muita imprecisão e dúvidas do que vem a ser essa etapa catequética. Mas vamos ao trabalho. Que possamos trazer algumas ideias que iluminem nossa tão desafiadora ação pastoral.

Do que se trata na catequese de perseverança?

O principal objetivo da CP é levar o catequizando à experiência de Jesus Cristo e à inserção na comunidade eclesial. Mas como vimos anteriormente, a adolescência é um momento de muitas indagações e transformações. A evangelização deve falar primeiramente a essa realidade. Quando alguma situação nos incomoda, precisamos primeiro resolvê-la e entendê-la. É assim que Jesus fazia quando curava alguém. Nunca pediu que ninguém o seguisse. Ele buscava iluminar a situação de dor vivida pela pessoa que, cheia de gratidão, o seguia. A CP trabalhará os temas próprios da vida dos adolescentes. Também falará da comunidade como local de acolhida e participação, para que eles se sintam bem na vivência comunitária.

É importante na CP que os catequizandos tenham ativa participação no desenvolvimento dos temas a serem trabalhados. Afinal, são eles que vivem as situações. Por isso, quanto mais conversas entre a turma e menos "aulas" tiverem, melhor será.

O catequista de perseverança tem duas funções principais. A primeira é a de ser mediador nas discussões. Se os catequizandos vão dar a sua opinião e trazer informações sobre a realidade que eles vivem, é preciso ter alguém que garanta que todos participem e sejam contemplados. Sempre existem aqueles catequizandos que falam mais e podem se sobressair. Também existem aqueles que se calam por não terem espaço. O catequista precisa saber mediar o encontro de modo a garantir o espaço de todos. Ele também não pode ser agressivo, por exemplo, forçando alguém a falar se não quiser. É preciso saber mediar incentivando os catequizandos, mas, ao mesmo tempo, respeitando as características de cada um. A outra função do catequista é fazer a ponte entre as informações que os catequizandos trazem e os ensinamentos da Igreja.

O papel do catequista é o de possibilitar que a realidade trazida pelos catequizandos seja iluminada pelas Escrituras e pelos ensinamentos da Igreja. O catequista pode fazer uso de debates, questionamentos, estudos de caso, além de usar filmes, canções ou poesias que ilustrem situações vividas pelos catequizandos. É importante que se trabalhe as situações a partir da vivência e não da teoria. Aquilo que vivemos é sempre mais sincero do que aquilo que sabemos, e os adolescentes valorizam muito mais a verdade assumida e vivida que a verdade apenas dita. Usadas essas ferramentas, e tendo em mãos todas as informações necessárias para entender bem o assunto trabalhado, os catequizandos podem discernir sobre sua própria vivência. Caso contrário, se um catequizando partilha algo de sua vida e imediatamente o catequista diz, num tom de julgamento, que aquilo está errado, aquele catequizando pensará duas vezes antes de participar novamente.

Há, por traz da postura do catequista citada acima, um ideal de catequese. Queremos preparar nossos catequizandos para que, ao decorrer de suas vidas, possam ter um agir coerente com a adesão a Jesus. Nas situações práticas da vida nenhum catequizando conta com a presença do catequista para dizer o que ele deve fazer. Por isso mesmo é necessário educar para a maturidade na fé. Dar respostas prontas, fazer julgamentos sem levar em conta o que os catequizandos falam, além de ser pouco pedagógico não é coerente com a atitude de Jesus, que sempre dialogou, possibilitando que as pessoas tirassem suas próprias conclusões. E o que é mais importante: Jesus sempre respeitou a liberdade das pessoas. Vemos isso no caso do homem rico que, podendo seguir Jesus, preferiu não abrir mãos de sua riqueza (cf. Mc 10,22). Nossa catequese deve ser processual e permanente. O catequizando cresce ao longo da caminhada, como os discípulos de Emaús (cf. Lc 24,13-35). Não podemos cobrar de um adolescente a consciência e a experiência religiosa de um ancião.

Orientações metodológicas

São muitos os métodos utilizados na catequese. Segundo o documento *Catequese Renovada* (CR 111), cabe a cada comunidade ou diocese escolher qual é o que melhor responde à sua realidade pastoral. Mas o que é método? Sempre que temos um objetivo a ser alcançado, traçamos um caminho, fazemos um projeto que facilite alcançarmos esse objetivo. O método é justamente esse caminho que traçamos para sermos eficazes no trabalho catequético.

Longe de querer estabelecer princípios metodológicos e aprofundamento dos métodos catequéticos, queremos, neste espaço, trazer algumas reflexões sobre princípios catequéticos e orientações bem práticas que ajudem a dinamizar o trabalho do catequista com os catequizandos. Por fim, falaremos sobre a estrutura e aos momentos do encontro de CP.

Interação fé e vida

A catequese precisa estar em profundo diálogo com a vida do catequizando. Essa relação, chamada de interação fé e vida, é trazida pelo *Diretório Nacional de Catequese* (13,i) como uma das perspectivas da catequese renovada. Mais que apreender conteúdos, a catequese quer que nos encantemos pela pessoa de Jesus e livremente o sigamos. Esse ideal de catequese ganhou força no documento *Catequese Renovada*, que estuda os processos catequéticos e cita o Papa Paulo VI, que nos diz que a catequese deve prezar pela interação entre o Evangelho anunciado e a vida do discípulo (cf. CR 114).

Interação fé e vida é entendida a partir de um processo catequético que se articula com base em duas perspectivas: a experiência vivida no cotidiano da vida e os conteúdos da fé cristã. Queremos um catequizando que consiga dar sentido à sua vida cotidiana, que se enxergue discípulo e faça a experiência do seguimento de Jesus em sua vida familiar, na comunidade de fé e, sobretudo, nas interações sociais.

É na vida concreta que o seguimento de Jesus e a realização do seu Reino se dá. Toda a intenção evangelizadora de Jesus se resume em sua fala "eu vim para que todos tenham vida e a tenham em abundância" (Jo 10,10). Se Jesus tinha a intenção de fazer mais digna a vida das pessoas, com o trabalho da Igreja não deve ser diferente. Toda a ação evangelizadora deve estar voltada para a construção da dignidade humana.

Jesus foi uma pessoa que vivia intensa compaixão pelas pessoas que o cercavam. Ao mesmo tempo, sua fé apontava para o Pai e seu Reino. Jesus prega insistentemente o Reino. No Evangelho de Marcos, vemos que o Reino é a proposta de Jesus para ser assumida por todos. Quando alguém se encanta pelo Reino, é preciso aderir à sua construção "imediatamente". Por isso mesmo Marcos nos diz que os discípulos "imediatamente" deixaram as redes e seguiram Jesus (cf. Mc 1,18), "imediatamente" chamam Jesus e logo ele cura a sogra de Pedro (cf. Mc 1,29-31), como também é "instantânea" a cura do leproso (cf. Mc 1,40-45); nos diz também que a fama de Jesus se espalhava "rapidamente" (cf. Mc 1,28). Marcos não quer dizer, com tantas palavras que nos lembram a pressa do mundo atual, que Jesus era uma pessoa agitada. Ele quer demonstrar que aquele que faz a experiência de Jesus tem pressa de que o Reino aconteça. O Reino, na pregação de Jesus, não era apenas uma teoria. Era uma prática. Assumir uma catequese que busque a interação fé e vida é assumir Jesus como proposta concreta que transforma nossa vida cotidiana, dando a ela valor e sentido.

Como parte central da ação evangelizadora da Igreja, a catequese quer anunciar a Boa Nova de Jesus, para que a vida concreta do cristão se torne mais plena. Se pensarmos bem, é fácil ser cristão dentro da comunidade. Nela todos pensam de maneira muito parecida, estão no mesmo ambiente e, mesmo que discordem em alguma coisa, a fé é a mesma. Difícil é ser cristão fora da comunidade eclesial. É lá que concretizamos e plenificamos nosso discipulado, assumindo nossa atitude e prática cristã nas relações que estabelecemos. Uma catequese que tenha como perspectiva a relação fé e vida preza por uma ação evangelizadora que se torne atitude cristã na vida cotidiana, ou seja, no mundo do trabalho, da escola, da família... à luz da fé e dos ensinamentos cristãos (cf. DGAE 71).

A CP, como espaço para a evangelização, torna-se ambiente privilegiado para que se trabalhe com o adolescente a pessoa de Jesus, de modo a se tornar um paradigma atitudinal para a vida dos catequizandos. Será que Jesus e sua Igreja teriam algo a dizer sobre os sentimentos, relacionamentos e realidades vividos pelos catequizandos da CP? Claro que sim. Eles podem perceber quão maravilhosa é a proposta de Jesus para as nossas vidas.

Nos temas trabalhados pelo *Livro do catequizando*, essa interação fé e vida aparecerá constantemente. Traremos a vida cotidiana do adolescente como espaço concreto onde Deus se revela e o Reino se concretiza. Os relacionamentos humanos, seja na família, na comunidade eclesial ou na sociedade como um todo, farão parte da abordagem dos temas. Tomaremos a atitude de Jesus como o modelo de atitude a ser assumido pelo adolescente. Sempre que possível, o catequista pode contar com exemplos e situações trazidas pelos catequizandos. Eles serão os maiores responsáveis pelo encontro entre a fé professada pela comunidade e a vida cotidiana.

Método ver, julgar, agir e celebrar

Um bom referencial para abordarmos a realidade vivida pelos catequizandos é o método VER, JULGAR, AGIR E CELEBRAR. Isso porque ele leva em conta a realidade vivida pelos catequizandos, abordando assuntos e situações a partir de seu cotidiano. Esse método também nos permite iluminar essas situações com as Escrituras e os ensinamentos da Igreja, e nos leva a perceber como podemos transformar nossa realidade para sermos verdadeiros discípulos de Jesus Cristo.

Vamos entender melhor esse método dentro da realidade do encontro de CP. Ele nos traz a possibilidade de discutirmos as mais variadas realidades vividas pelos adolescentes, levando em conta suas experiências e não teorias. Propormos o assunto (VER). Mas descrevê-lo compete aos próprios catequizandos. São eles que vivem as situações, e ninguém melhor do que eles para trazer suas angústias, alegrias, tristezas e expectativas. O momento de VER a realidade é o momento de mostrarmos que queremos discutir as situações vividas por eles. Esse deve ser um momento de profunda acolhida de tudo o que é trazido pelos catequizandos.

Mas quais são os parâmetros para sabermos se aquilo que eles vivem e trazem para o momento do encontro de catequese é coerente com os princípios da fé cristã? Esse é o momento do JULGAR. Talvez a palavra julgar traga a ideia de um tribunal que nos falará aquilo que é certo ou errado. Não seria bem isso que essa etapa quer propor. Aqui, JULGAR está mais no sentido de iluminar a realidade vivida à luz da Palavra de Deus e dos ensinamentos da Igreja. O catequista pode trazer instrumentos que ajudem a iluminar a realidade vivida pelo catequizando. O tempo de discernimento é do catequizando e deve ser respeitado. Mas e se o que eles pensam é errado? Mais que dizer o que é certo ou errado, devemos levar os catequizandos a refletir para discernir sobre suas vidas. Se discutimos, por exemplo, os vícios e seus malefícios, e um catequizando partilha que na sua família há pessoas que fumam, o catequista precisa ter a sensibilidade de não criar um conflito entre o catequizando e seus familiares. Isso seria um processo anticatequético. Aqui é preciso ter a sensibilidade e a razão de Jesus, que buscava nunca afastar ninguém e, mais que emitir juízos, buscava participar da vida das pessoas (cf. Mc 2,13-17). Ele come com os cobradores de impostos mesmo sendo socialmente grave o pecado cometido por eles. O juízo e a mudança de vida cabem aos cobradores. Jesus quer apenas conviver com eles, trazendo a possibilidade de uma nova atitude de vida. Os catequizandos chegam ao discernimento por si mesmos. Ao catequista cabe apresentar Jesus como proposta atitudinal. O JULGAR também está diretamente relacionado com a formação do catequizando como cristão-cidadão. Os temas da CP são abertos à realidade social que faz parte da vida dos catequizandos. A atitude assumida pelos adolescentes à luz de Jesus de Nazaré é vivida também em nível social.

Mapeamos a realidade e a iluminamos com a Palavra de Deus e nossos princípios evangélicos. Agora é a hora de possibilitar ao catequizando que repense sua prática de vida. É a etapa do AGIR. As situações trazidas pelos catequizandos, após iluminadas, serão as mesmas ou novas possibilidades se apresentarão? O adolescente é chamado a agir de acordo com aquilo em que acredita. Também é a etapa de conhecer a ação da Igreja. Um bom exemplo do AGIR é perceber se a comunidade onde vivemos tem trabalhos que são direcionados às situações que presenciamos no desenvolver de cada tema. Se num determinado encontro surgiu o assunto drogas e entorpecentes, não poderíamos conhecer, ou pelo menos citar, o trabalho da Pastoral da Sobriedade? O contato com os agentes de pastoral ou com as pessoas assistidas por eles pode ser um momento privilegiado de inserção à vida eclesial.

Agora, vamos CELEBRAR. Celebrar é tornar célebre, dar importância. Quando celebramos, damos importância ao assunto que foi discutido. Juntos, ofereceremos a Deus todo o processo catequético trazido para esse encontro. Momentos de oração tornam o encontro mais celebrativo. Mas é importante frisar que mais importante que um encontro com orações, é um encontro que seja orante. Tudo nos leva ao encontro com Deus: aquilo que vemos, ouvimos ou falamos. Sempre que possível, o catequista pode transformar aquilo que for conversado em uma prece ou oração. Usar símbolos pode tornar o momento celebrativo mais dinâmico. Materiais para desenhos, colagens e recortes de jornais e revistas também podem ser usados para os momentos de oração e celebração.

E a ordem, deve ser essa? É importante dizer que esse método é cíclico e um momento sempre traz consigo os outros três. VER, JULGAR, AGIR e CELEBRAR não podem ser separados. Quando o catequizando traz uma situação para o encontro, ele já buscou entendê-la. Ao mesmo tempo, quando o catequista traz a ação de Jesus para iluminar a realidade, já transformamos em prece nosso momento de encontro com Ele. Mas na hora de prepararmos o encontro de catequese, a ordem apresentada pelo próprio tema pode ser outra. Essa parte é de autonomia do catequista, que conhece melhor seus catequizandos e a realidade que vivem.

O uso de textos bíblicos

Apesar de tratarmos de assuntos que nos remetem ao ser humano em suas mais variadas dimensões, a nossa base é a dimensão religiosa da pessoa. Usaremos a psicologia, a sociologia, a filosofia e a antropologia para entendermos melhor o ser humano, mas nosso objetivo é entendê-lo como lugar privilegiado da ação de Deus. Por mais que tratemos de assuntos variados nos temas do *Livro do catequizando*, sempre os iluminaremos com textos bíblicos que tragam situações – geralmente vividas por Jesus – com alguma relação com o tema trabalhado.

Para percebermos que Deus age é preciso conhecê-lo. Quanto mais conhecemos alguém, melhor percebemos suas motivações, projetos e realizações. Assim também é com Deus. E o melhor lugar para conhecê-lo são as Escrituras. Lá, encontramos experiências de pessoas que tiveram momentos fortes e intensos de contato com Deus. A Bíblia será sempre utilizada em nossos trabalhos. E assim não poderia deixar de ser. Ela é o livro de catequese por excelência, pois nos aproxima mais de Deus. Para bem utilizar a Bíblia é necessário que o catequista procure pela formação bíblica. Quanto mais conhecermos do universo bíblico, melhor trabalharemos com os catequizandos. Sempre traremos explicações sobre os textos bíblicos usados. Mas elas estão mais sintonizadas ao tema trabalhado. Qualquer método de leitura bíblica utilizado pelo catequista pode ser de muita utilidade.

O papel do catequista é o de facilitar a leitura bíblica, oferecendo ferramentas para que os catequizandos leiam os textos e interpretações que sejam coerentes com a exegese bíblica. Também é função do catequista facilitar a relação entre o texto bíblico e os temas, bem como com as situações trazidas pelos catequizandos.

O maior desafio é deixar de ser uma catequese que utilize a Bíblia para ser uma catequese bíblica. Isso significa ter a Escritura como base para entendermos a ação de Deus e a realidade humana. Por isso mesmo, o catequista deve sempre utilizar a Bíblia nos encontros. Cada tema do nosso livro tem, pelo menos, dois textos bíblicos que devem ser muito bem explorados, inclusive com Leitura Orante, o que será explicado adiante.

Como trabalhar com os temas

a. Temas – encontro – encontros

Nosso material traz o total de sete temas que tratam dos mais diversos assuntos que fazem parte da vida de nossos adolescentes. Cada tema é organizado em duas partes, ou poderíamos chamar de dois encontros. Mas o catequista pode desdobrar o tema em mais encontros, dependendo de como decidir desenvolvê-lo.

Se considerarmos que cada tema se desenvolve em pelo menos dois encontros, o livro contará com 14 encontros. Contando com os encontros de introdução e conclusão somam-se 16 encontros. Alguma comunidade, porém, pode contar com mais encontros anuais de catequese. O que fazer? Não é por acaso que não chamaremos os temas de encontros. Um tema pode ser desenvolvido em mais de um encontro de catequese, ou podem surgir temas que não foram abordados por nosso material. Isso porque a realidade é muito dinâmica, e nenhum material é capaz de abordar todos os temas relevantes para toda comunidade. Alguns temas podem também suscitar nos catequizandos ideias de atividades práticas, como a visita a um asilo, um orfanato, assistir a um filme ou organizar um passeio. Também pode ser preparado algum encontro que fale de uma pastoral ou serviço da comunidade que seja de interesse dos catequizandos, ou uma sessão de algum filme que fale do tema tratado no encontro anterior. O andamento dos temas deve acontecer de acordo com a caminhada de cada turma de catequese.

b. Organização de tempo

Os encontros são organizados para que durem entre 1 hora e 1 hora e meia. Mas é bom que o catequista não tenha pressa de encerrar o tema. É melhor um tema bem trabalhado que muitos temas trabalhados de maneira corrida e superficial. Os temas são os assuntos trabalhados. Eles são genéricos e fazem parte da vida dos catequizandos. O encontro é o período de tempo em que desenvolvemos o tema. Um encontro deve ter hora para começar e terminar, mas podemos desenvolver um tema em mais de um encontro. Cada tema em nosso livro já prevê aproximadamente quantos encontros são necessários, mas o catequista deve desenvolver outros encontros conforme o tema e o interesse ou a necessidade dos catequizandos.

Nosso livro quer ser ferramenta para a CP. O mais importante é entender o ritmo e a intensidade da turma de catequese. O modo como os momentos serão trabalhados, bem como o tempo destinado a cada um deles e a ordem em que serão trabalhados, depende bastante da turma de catequese. Em cada tema propomos a ordem que acreditamos ser a mais oportuna para que você, catequista, o desenvolva.

c. Organização dos espaços

O espaço onde o encontro acontece é muito importante e pode ser explorado. Quando ele acontece na sala de catequese, é importante dispor as cadeiras em círculo, o que facilita as discussões. Em círculo, todos conseguem visualizar seus colegas de turma e tiramos da sala de catequese a impressão de sala de aula.

O ambiente, mesmo sendo a sala de catequese, pode ser organizado e preparado de acordo com o tema. Panos coloridos, mesmo aqueles bem velhos que guardamos, podem ajudar a ambientar a sala. Explore o espaço que fica no meio do círculo formado pelas cadeiras. Lá, pode ser colocada a Bíblia com vela acesa, flores e objetos que serão utilizados durante o desenvolvimento do tema. Quando o catequista for utilizar material de colagem ou desenho, coloque-o no centro do círculo. Isso gera um "ar de surpresa" que faz com que os adolescentes criem uma expectativa que valoriza o encontro.

Mas o encontro pode acontecer em outros ambientes. Praças, quadras e outros lugares mais informais podem ser um bom espaço para a realização do encontro, principalmente quando o catequista fizer uso de brincadeiras ou dinâmicas que utilizem de maior expressão corporal.

É bom lembrar que uma visita a um asilo, orfanato, casa de recuperação de dependentes químicos ou outro lugar relacionado a um tema trabalhado também é uma forma de utilizar outros espaços para a realização do encontro de catequese.

Como fazer bom uso do material?

Preparar o tema significa pensá-lo com antecedência. Nada substitui uma boa preparação. As ideias surgem quando você menos imagina e por isso é muito bom preparar o tema com antecedência. Pesquisar também é necessário. Ninguém é detentor de um conhecimento tão vasto que não precise saber um pouco mais sobre o tema a ser trabalhado. O catequista pode ser criativo. Não se trata de ficar inventando coisas, mas perceber que o tema desenvolvido pode chamar a atenção da turma de CP se for trabalhado através de uma canção (lembramos aqui que a palavra música se refere à melodia, e a canção é o conjunto de letra e música), poemas, filme, dinâmicas ou brincadeira. Na sequência, colocamos algumas dicas que podem ajudar no trabalho.

a. Canções

- Devem sempre ajudar a entender melhor o tema e nunca atrapalhar. Se pegamos uma letra muito complicada de se entender podemos criar um problema. Ela precisa falar claramente sobre aquele assunto.

- Pode ser uma canção de fora do universo religioso. A mensagem de Deus também faz uso de instrumentos de fora do ambiente religioso. É sempre legal quando usamos uma canção que faça parte do gosto musical de nossos catequizandos.

- É muito importante que todos os catequizandos tenham a letra da canção em mãos. Se não for possível, que a letra esteja visível em um cartaz ou na lousa. Isso porque apenas ouvindo a canção, alguma palavra pode não ser bem entendida. Ter a letra visivelmente acessível auxilia depois nas discussões sobre a canção.

- Se alguém souber tocar violão e a canção for conhecida é interessante cantá-la.

- Às vezes, também é legal levar uma canção que os catequizandos não conheçam; afinal, é sempre bom ter contato com novas informações. O importante é que se valorize o que é próprio deles e, ao mesmo tempo, abram-se novos horizontes, trazendo aquilo que ainda não é de conhecimento dos catequizandos. O segredo está no equilíbrio entre o novo e o já conhecido.

- E, no que se refere ao trabalho com canções, o mais importante: o catequista não deve interpretar a canção pelos catequizandos. A opinião do catequista deve ser sempre a última a ser expressada. Uma dica é escutar a música sem fazer nenhum comentário prévio. Talvez o único seja quanto ao título da canção. Uma proposta pode ser colocar visível a todos apenas o título da canção. Depois, pergunte se alguém a conhece. Se não, perguntar sobre o que eles acham que a canção vai falar. Se sim, deixe que o catequizando partilhe um pouco de seu conhecimento sobre a canção. Depois de escutar a canção, dar um espaço para que digam qual a frase que mais chamou atenção e qual a relação da frase com o tema trabalhado. Muitas mensagens interessantes saem dessa dinâmica. Frequentemente, os catequizandos tiram mensagens da canção que nós não havíamos percebido.

- As canções podem ser usadas tanto para mapearmos uma realidade (VER), como, também, para analisarmos (JULGAR) essa mesma realidade.
- Outro instrumento interessante são os clipes das canções. Alguns trazem histórias e imagens que ajudam na abordagem dos temas.

b. **Poemas**
- Os poemas conseguem trabalhar as questões mais profundas do ser humano com muita intensidade e simbolismo.
- Os poemas têm linguagem e vocabulário próprios. Muitas vezes, seu vocabulário não é usual e precisamos recorrer ao dicionário.
- Sentimentos são sempre muito bem trabalhados pelos poemas. Mas também há poemas sobre problemas sociais, principalmente os que são produzidos pelo hip-hop. Muitos também são canções.
- O poema precisa ser recitado e não apenas lido. O modo como o recitamos muda seu entendimento.
- Uma música instrumental sempre pode acompanhar o poema, mas ela precisa estar em sintonia com a sua mensagem. Se o poema é mais triste, a música precisa ser mais lenta; se o poema é mais contagiante, a música também precisa ser.
- Também é importante procurar saber se os adolescentes gostam de poemas. Partir do que eles gostam sempre é uma proposta interessante.

c. **Filmes**
- Os filmes são instrumentos interessantes, mas que requerem certo cuidado. Eles também, assim como as canções, devem sempre ajudar e não criar um problema.
- Mais importante que o filme é o tema trabalhado. Por isso, geralmente não é interessante passarmos um filme inteiro. Ele traz muitas informações que não estão diretamente relacionadas ao encontro de catequese, o que pode criar dispersão na discussão do tema.

- Para um melhor desenvolvimento do encontro sugere-se escolher uma parte do filme de no máximo 7 a 10 minutos que tenha relação direta com o tema trabalhado. Mas isso requer que o catequista assista ao filme anteriormente e escolha com cuidado a parte que será usada.
- O que pode ajudar é o catequista transmitir as informações necessárias para que todos entendam o filme, contextualizando seu enredo, personagens, cenários etc.
- Uma sugestão é, se for da vontade da turma, fazer em alguma oportunidade uma sessão de cinema. Nessa oportunidade, os catequizandos apenas assistem ao filme e, se for possível, fazem um breve bate-papo sobre suas opiniões e sua relação com o tema. É sempre gostoso, na medida do possível, que essa sessão seja acompanhada de pipoca e suco. Os catequizandos geralmente gostam e se entusiasmam.

d. **Dinâmicas**
- As dinâmicas são importantes para dar movimento aos encontros de catequese.
- Devem ser escolhidas a partir do tema do encontro. Muitas vezes, porém, comete-se o erro de achar que a dinâmica é o centro do encontro de catequese. Um encontro nunca deve ser preparado tendo como base uma dinâmica.
- Tudo aquilo que utilizarmos, seja a canção, o filme, a poesia, o artigo de jornal e, é claro, o texto bíblico, deve nos ajudar a abordar melhor o tema proposto, dinamizando o encontro.
- A dinâmica é um meio de abordar um tema de modo diferente. Ela deve estar diretamente conectada com o assunto que vem antes ou depois dela.
- Podemos usar a dinâmica como introdução a um tema. Nesse caso, pode ser usada uma canção, poesia ou filme. Eles trazem assuntos que podem ser relacionados com o tema proposto.
- Todo o material utilizado na dinâmica precisa ser previamente separado.
- A dinâmica precisa ser bem pensada e ter conexão direta com o tema abordado. Uma dinâmica que não dá certo cria uma desconexão que atrapalha o andamento do encontro.

e. **Brincadeiras**
- As brincadeiras trabalham a dimensão lúdica do ser humano.

- Elas podem ser usadas para entrosar o grupo quando os catequizandos ainda não se conhecem.
- Uma brincadeira também pode ajudar a abordar questões como companheirismo, trabalho em equipe e colaboração.
- Os jogos podem também ser trabalhados como brincadeiras. Podemos trabalhar jogos esportivos ou gincanas.
- Do mesmo modo que as dinâmicas, as brincadeiras precisam estar diretamente relacionadas com o tema trabalhado. Tudo no encontro conflui para que os catequizandos tenham um melhor conhecimento do tema.

Momentos para desenvolver os temas

Os temas do livro precisam contar com a criatividade do catequista para serem desenvolvidos com os adolescentes. Aqui, trazemos dicas para o desenvolvimento de alguns momentos propostos no *Livro do catequizando*.

Tira de quadrinhos

Elas trarão sempre uma situação que esteja ligada ao tema e estarão diretamente relacionadas com o que vem antes e depois delas. O objetivo das tiras de quadrinhos é trazer o tema para a vida cotidiana. Mais que ler uma tira com os catequizandos, podemos relacioná-la com outras situações parecidas que fazem parte da vida dos próprios catequizandos.

Trocando ideias

É o momento de partilhar opiniões e conhecimentos entre os catequizandos. Os assuntos tratados neste item são geralmente mais descontraídos e menos polêmicos. Mais que discussões, a troca de ideias é uma partilha sobre os assuntos vividos pelos catequizandos. Aqui, o catequista tem a função de mediador.

Papo cabeça

Este momento traz assuntos muito importantes que devem ser conversados com os adolescentes. O catequista deve dar espaço para que eles falem. Não é espaço para que o catequista traga as ideias prontas sobre o assunto. O catequista deve perceber aquilo que os catequizandos falam para adentrar cada vez mais no mundo deles. O papel do catequista neste momento é mediar a conversa entre os catequizandos, para que haja um verdadeiro diálogo. Geralmente, os assuntos trazidos por esta ferramenta são polêmicos e pode ser que não haja consenso. Não se preocupe tanto. Em muitas coisas na vida não há consenso. Aprenda a viver na diversidade e crie um ambiente de respeito à diversidade de opiniões e acolhida. O mediador deve procurar valorizar a pessoa, muito mais que as ideias.

Fala sério!

São frases e pensamentos para evitar "mal-entendidos". São alertas para que possamos direcionar a discussão do tema para a caridade e a acolhida cristã. O catequista pode perguntar se os catequizandos concordam com as ideias do *Fala sério!*, mas lembrando sempre da valorização do ser humano em todas as situações vividas.

#FicaADica

A catequese não é escola e por isso não tem tarefa ou lição de casa. Mas é muito bom quando o tema trabalhado na CP tem ressonância na vida semanal do adolescente. São dicas de assuntos, músicas, clipes, reportagens ou outras coisas ligadas ao tema trabalhado no encontro, para que os catequizandos possam "curtir" fora do encontro, geralmente na internet. Seria uma espécie de atividade bem informal. É um modo de levar a catequese para a casa do catequizando.

Se o catequista achar interessante, e tiver instrumentos tecnológicos para isso, pode trabalhar a dica no próprio encontro. Para isso, o catequista pode seguir as orientações propostas no próprio *Livro do catequizando*. Ao explorar este item, cabe ao catequista deixar que os catequizandos primeiramente falem daquilo de que mais gostaram – ou de que não gostaram – do instrumento que for usado. Deixar que falem sobre o que pensam do título, suas ideias sobre os personagens e as frases. Depois, o catequista pode direcionar a discussão para o tema trabalhado, relacionando frases, personagens e situações com o tema desenvolvido no encontro. Mas a ideia é de o *#FicADica* ser um meio de adentrar à vida cotidiana do catequizando.

Papo com Deus

O *Papo com Deus* vem sempre depois da indicação de um texto bíblico. Ele é uma forma de Leitura Orante que pode ser desenvolvida de acordo com a criatividade do catequista. O modelo básico que usaremos seguirá os seguintes passos:

1. *Escrever o versículo, frase ou palavra de que o catequizando mais gostou*

Esta é uma ferramenta para que o catequizando prenda sua atenção no texto. É bom falar que ele escreverá uma frase do texto bíblico antes de realizar a sua leitura.

2. *O que o texto diz em si?*

É a parte onde o catequizando pode conhecer mais o texto bíblico. É muito importante a colaboração do catequista, explicando as ideias do autor bíblico, os personagens e o contexto do texto bíblico. Este é um pequeno momento de exegese.

3. *O que o texto diz para mim?*

É um momento muito pessoal, pois nele o catequizando procurará perceber como o texto traz ressonâncias em sua vida. Para cada catequizando o texto bíblico pode trazer mensagens diferentes. Uma boa ferramenta, quando o texto permitir, é perguntar com qual personagem o adolescente se identifica e por que.

4. *O que o texto me leva a dizer a Deus?*

É o momento de os catequizandos elevarem suas preces a Deus. Pode ser um pedido, um agradecimento, um louvor, um rito penitencial ou outro modo de oração. Isso vai depender do texto bíblico e das possibilidades que ele nos traz.

5. *O que o texto me leva a viver?*

É hora de o catequizando rever seu agir cristão. O catequista pode apresentar pistas, para que o catequizando pense em como esse texto bíblico transforma a sua vida cotidiana. É bom sempre "puxar o catequizando para a realidade", buscando ser muito prático. Ideias como "vamos transformar o mundo", "acabar com a fome" ou "amar mais" são muito utilizadas, mas, por serem genéricas, têm pouca praticidade. O catequista pode trazer reflexões que busquem perceber como o catequizando pode transformar suas relações mais cotidianas, como pode matar a fome de quem está do seu lado ou amar mais sua própria família e o grupo de amigos. Mas é bom nunca perder de vista o texto bíblico que está sendo trabalhado.

No *Livro do catequista*, esses passos não aparecerão da mesma forma que foram apresentados aqui. Eles já estarão aplicados ao texto bíblico. Por exemplo, a questão "O que o texto diz para mim?" muitas vezes já estará no *Livro do catequizando* como "Com qual personagem do texto você se identifica?". Mas é bom que o catequista lembre dos passos para dar andamento à Leitura Orante.

Sempre que possível, dinamize o momento orante. Algumas dicas estarão nas instruções de cada tema. Usar sucata, jornal e revistas velhas, escrita ou outros materiais acessíveis aos catequistas e aos catequizandos, é uma boa forma de levá-los a um entendimento diferente da oração, mais espontânea e menos mecanizada.

E a nossa Igreja com isso?!

Um dos objetivos da CP é possibilitar aos catequizandos um maior envolvimento com a comunidade. Levando em conta que ninguém se envolve com aquilo que não conhece, este momento quer possibilitar ao catequizando o conhecimento das pastorais, movimentos e serviços que existem na comunidade e que estão relacionados ao tema trabalhado. Geralmente, traremos atividades muito simples, para que os catequizandos coloquem o nome das pastorais. O catequista deve dinamizar o momento, falando sobre as pastorais e os trabalhos desenvolvidos por elas.

O catequista pode trazer outras pastorais que não estão presentes no *Livro do catequizando* mas que fazem parte da vida da comunidade. Quando for interessante e possível, alguém de uma pastoral, movimento ou serviço pode participar do encontro. Isso possibilitaria uma maior interação do catequizando com a vida comunitária. Outra ideia é levar os catequizandos até o local onde acontecem as atividades mencionadas no encontro. Mas nunca devemos nos esquecer do tema trabalhado como ponto de partida.

TEMA INTRODUTÓRIO

Sou adolescente

Objetivos do tema
- Situar o catequizando na dinâmica da CP.
- Situar o catequizando na dinâmica dos encontros e temas tratados no livro de CP.
- Entender a CP como espaço para aprofundamento de temas relacionados à adolescência.

Este será o primeiro de uma série de encontros entre os catequizandos e você, catequista. Pode ser que não seja o primeiro encontro da turma, mas é o primeiro encontro em que utilizaremos o livro. Por isso mesmo queremos que o catequizando entenda a dinâmica e os instrumentos do livro.

Duas questões serão importantes para este primeiro encontro: entender que nosso material quer discutir temas relacionados à adolescência e que, para isso, traremos alguns instrumentos que farão parte de todos os temas trabalhados.

É importante criar empatia entre os catequizandos e entre eles e você, catequista. Para que isso aconteça, busque olhar para as questões da adolescência na perspectiva dos catequizandos. Evite os julgamentos e as avaliações prévias. Deixe que eles se sintam à vontade para manifestar as questões relacionadas a essa fase da vida.

A adolescência é um período de transição entre a infância e a juventude. Como toda transição, é um período com muitas crises. A tônica da transição fará parte de muitos dos temas trabalhados durante a CP.

E AGORA o encontro...

Dinamizando o encontro: logo no início do encontro, o catequista pode utilizar uma grande folha de papel no centro da sala, para que cada catequizando escreva palavras que lembrem a adolescência. Esse papel pode ficar no centro da sala, para que os adolescentes tenham visivelmente disponíveis esses temas, que serão trabalhados ao longo da CP.

▸ Tira de quadrinhos

A tira de quadrinhos quer mostrar a adolescência justamente como período de transição. Busque criar um ambiente onde os catequizandos possam partilhar exemplos de situações vividas por eles que se assemelhem à tira em quadrinhos. Provavelmente, será um momento de muitos risos, mas que também não pode perder sua seriedade, pois muitos adolescentes podem viver momentos de crises por não se caracterizarem como adultos e serem vistos como crianças.

Mas o que é ser adolescente?

Para que este momento seja bastante aproveitado, é importante que você, catequista, não dê definições prévias sobre o que é ser adolescente. Qualquer exemplo dado pode influenciar a resposta dos catequizandos. Provavelmente, serão dadas muitas respostas com perspectiva biológica ou vivencial. Após um momento para que respondam, criar um ambiente de partilha. Um ambiente num tom avaliativo, onde cada catequizando deve "prestar contas" de sua resposta, pode ser pouco produtivo.

▸ Trocando ideias

Este deve ser um momento descontraído. A dinâmica sugerida para o início do encontro também pode ser executada aqui. Os catequizandos também podem partilhar algumas situações que acreditem que devem ser tratadas na CP.

Os catequizandos poderão perceber que a participação com suas ideias será muito comum nos encontros da CP. Busque refletir com eles sobre a importância do respeito e da escuta.

▸ Fala sério!

Falar da adolescência não significa não falar de Deus. Mas a catequese quer falar da ação de Deus na vida do adolescente, dando sentido à sua existência.

Os adolescentes na Palavra de Deus

As Escrituras não falam de adolescência propriamente dita. Esse é um entendimento muito novo e não havia, na Bíblia, um entendimento do adolescente nos moldes atuais. Por isso mesmo foi difícil pensarmos num texto bíblico que nos remetesse às situações vividas na adolescência.

A perícope de Mc 5,35-43 fala de uma menina de maneira bastante significativa. Essa perícope está inserida num conjunto de textos que vai do versículo 21 até o 43. Mc 5,21-43 quer falar da valorização da mulher, seja na infância ou na vida adulta. Alguns estudiosos do Evangelho falam que a hemorragia da mulher que é curada enquanto Jesus anda até a casa de Jairo nos remete ao combate da visão de que a menstruação seria algo impuro. Consequentemente, para esses autores, a menina estaria na fase do início da vida fértil e, portanto, no início da menstruação.

Mas queremos que o texto sirva de base para que os catequizandos percebam que Jesus quer que todo adolescente viva com plenitude. A adolescência é uma fase de muito vigor e ânimo. A menina revivida por Jesus poderá usufruir de sua adolescência plenamente.

É importante criar um ambiente onde os catequizandos se sintam à vontade para fazerem perguntas sobre o texto bíblico e dar suas opiniões sobre ele. Peça para que perguntem aquilo que não entenderam e digam quais as situações que mais lhes interessaram.

▶ *Papo com Deus*

O momento da Leitura Orante tem seu início já no entendimento do texto de Mc 5,35-43. Por isso, os catequizandos buscarão sintetizar toda a discussão do texto escolhendo uma frase ou palavra de que mais gostarem.

O texto bíblico ilumina a catequese. A relação de Jesus com a menina serve de luz para a nossa própria vida. Ao buscar responder a pergunta sobre como a relação de Jesus com a menina nos ajuda a entender como deve ser a vida de um adolescente, dê espaço para que os catequizandos falem de suas próprias vidas.

Dinamizando o encontro: velas podem ser utilizadas, iluminando as palavras que foram escritas e que estão no centro da sala de catequese. Se for oportuno, acenda uma vela, ou várias delas, iluminando as palavras que foram escritas pelos catequizandos. O momento pode ser acompanhado de um refrão cantado.

Ao se identificarem com a menina revivida no Evangelho, os adolescentes poderão se colocar na atitude de quem busca se relacionar com Jesus. Ser revivido significa dar espaço para que a mensagem de Deus se transforme em vida.

Por fim, os adolescentes serão chamados a apontar situações que os levem a "se levantar". Incentive-os a serem bastante concretos. A adolescência é uma situação bastante concreta da vida. Evite ideias genéricas como "mudar o mundo" ou "construir a paz". Como um adolescente muda seu próprio mundo? Como ele vive em paz? Essas são questões mais concretas e que precisam ser respondidas.

Este é um momento orante. Busque concluí-lo com uma oração pelos adolescentes. Também é importante rezar pelo período da CP que se inicia. Essa oração pode englobar todos os elementos trabalhados durante o encontro.

#FicaADica

A adolescência é um período de muitas fantasias, sonhos e desejos. O clipe da canção "Mi vida eres tu", da banda Vanguart, mostra um garoto que quer viver como adulto. Suas fantasias trazem bebidas, carro, mulheres e violência.

Se o clipe for utilizado no encontro, é importante o uso de um projetor e som, para que os catequizandos escutem a canção. O clipe também não deve ser utilizado no final do encontro, mas na parte inicial. Busque enfatizar a diferença entre as fantasias que elaboramos e a realidade. Mas não diga quais são as fantasias. Os próprios adolescentes são capazes de apontá-las.

E a nossa Igreja com isso?!

Este é um momento para que o adolescente partilhe os espaços que existem para ele em sua comunidade. Mais importante que apontar o que existe, é necessário ajudá-los a se perceberem como parte da comunidade. Esses espaços de trabalho com adolescentes precisam ser criados constantemente, de modo a lhes proporcionar experiências que os ajudem a amadurecer na fé.

TEMA 1

A música que me toca

Objetivos do tema

- Compreender acomodação e incomodação como atitudes humanas.
- Reconhecer a atitude de incomodação de Jesus como referência para a atitude do cristão incomodado.
- Identificar a necessidade de assumir atitudes que levem à vivência e construção do Reino proposto por Jesus.

O anúncio da Boa Nova de Jesus não deve ser o anúncio de uma teoria religiosa, nem de uma teologia. Jesus é uma pessoa e traz aos catequizandos uma proposta de vida. Seguir Jesus deve, mais que gerar ideias, gerar uma atitude cristã que tenha como referência a atitude de Jesus, presente nos Evangelhos. Ele se incomodava com toda situação de injustiça contra a vida humana. Incomodar é próprio de Jesus, que nunca se acomodou. Incomodado, Jesus trabalhou para a construção do Reino de Deus, que se realiza tanto na vida da pessoa quanto nas relações sociais. O cristão-cidadão é fruto de uma incomodação com uma sociedade acomodada.

INCOMODADOS PELA PESSOA DE JESUS

Esta primeira parte do tema trabalhará o incomodar-se e o acomodar-se como duas posturas que a pessoa pode assumir em sua prática de vida. Queremos que o catequizando perceba Jesus como um modelo de atitude a ser seguida. Jesus se incomodava com tudo aquilo que não construía o Reino de seu Pai. Mais que fazer um estudo sobre a atitude de Jesus, o catequizando é chamado a perceber as ressonâncias dessa atitude na sua vida.

E AGORA o encontro...

Adolescentes geralmente gostam de música. Uma sugestão para dinamizar o início do encontro é o catequista chegar antecipadamente, ambientar a sala e colocar uma música, de preferência bem alegre e que tenha alguma identificação com os catequizandos e o tema. Não explique nada. Eles perguntarão o porquê da música, mas não responda muita coisa. Veja a reação deles. Talvez alguns digam que gostam da música e outros digam que não. Espontaneamente eles podem trazer boas contribuições para o desenvolvimento do tema.

Qual canção te toca?

A atividade proposta tem dois objetivos: primeiro criar uma identificação dos adolescentes com o tema. Ao apresentarem a canção com a qual eles se identificam ou que os incomoda, os catequizandos facilitarão o trabalho com o tema. É preciso criar empatia entre o tema e a turma de catequese. Depois, já estaremos, mesmo que indiretamente, trabalhando a ideia de acomodação e incomodação.

Acomodar e incomodar

Incomodar-se e acomodar-se serão trabalhados aqui como duas posturas diante da vida. É fácil perceber quando alguém é acomodado. Por isso mesmo, daremos mais explicações sobre o que queremos dizer quando usamos a ideia de incomodar. Não significa agredir ou ter atitudes violentas, mas sim aquele desconforto de querer algo mais da vida. É incomodado aquele que quer crescer, aquele que não se conforma com o mal ou a violação dos direitos e da dignidade humana.

É bom trabalharmos a virtude de incomodar-se a partir dos três aspectos: o **pessoal**, o **comunitário** e o **social**. Devemos, antes de mais nada, transformar nossa própria vida. Se isso não acontece é sinal de que tudo o que trabalhamos não passa de uma teoria. É preciso transformar nossas teorias em convicções. Depois, somos chamados a dar nossa contribuição à comunidade na qual participamos, seja em seus trabalhos pastorais, movimentos ou serviços. Também somos chamados a dar nossa contribuição à sociedade. Isso acontece no exercício de nossa cidadania.

Atividade da escada

Dar um tempo para que os catequizandos façam a atividade. É bom incentivá-los a perceber quais as incomodações que movem suas vidas. A vida humana não é só sobreviver (comer e dormir). Queremos mais da vida.

Tira de quadrinhos

O personagem é um exemplo de incomodação social. A corrupção é um problema que atinge muitas pessoas. Os problemas comunitários e sociais serão mais trabalhados na segunda parte do tema. Mas, desde já, queremos mostrar que nossa vida não pode se realizar no isolamento. O cristão é sempre responsável pela sua própria vida e corresponsável pela vida de seus semelhantes.

Fala sério!

É muito importante enfatizarmos que o incomodar não está relacionado com a violência. Incomodar é tirar do lugar comum, do comodismo. Essa ideia é que deve ser bastante enfatizada. Afinal, Jesus nos incomoda, tira-nos do comodismo, mas nunca nos agride. Pelo contrário, ama-nos e nos respeita.

A atitude de incomodar pode ser trabalhada com os catequizandos por meio de fotografias de revistas e jornais que mostrem situações de desrespeito à vida. Procure oferecer variedade de fotografias ou desenhos. A ideia é que o catequizando se sinta incomodado por alguma delas e, se todas forem muito parecidas, pode ser que ele não se incomode por nenhuma. Espalhe as fotografias pelo chão ou pela parede. Dê um tempo para que os catequizandos olhem as fotografias. Depois, pergunte se alguma os deixou incomodados e o porquê. As fotografias podem incomodar pelo simples fato de mostrarem uma realidade diferente.

Para incomodarmos alguém não precisamos fazer uso de violência. Precisamos mostrar aquilo que a pessoa não consegue ver. Uma manifestação é válida quando mostra aos governantes e à sociedade aquilo que está acontecendo de errado.

Trocando ideias

Após falarmos tanto de acomodação e incomodação, este é um espaço para que os jovens falem aquilo que os incomoda na vida em sociedade e também na vida pessoal. O papel do catequista é mediar as discussões e garantir que todos falem da incomodação no sentido que está sendo trabalhado no tema. Incomodação é o oposto de acomodação. Também é importante ter em vista que se nos sentimos muito acomodados, isso pode significar que temos poucos projetos e desejos, ou que já nos sentimos muito satisfeitos com tudo o que temos.

> **#FicaADica**

Nenhuma expressão artística é neutra quando o assunto é incomodar ou acomodar. Nos casos citados no *#FicaADica*, temos canções que querem transmitir ideias de transformação. Em outras palavras, querem incomodar.

"Cálice", cantada por Chico Buarque e Milton Nascimento e composta por Chico Buarque e Gilberto Gil, fala do incomodar político do período da ditadura militar brasileira, que aconteceu entre as décadas de 1960 e 1980. Havia, naquele tempo, a censura. Era a postura do governo de decidir aquilo que poderia ser publicado ou até mesmo a canção que poderia entrar num disco ou tocar nas rádios. Para burlar a censura, vários autores escreviam utilizando metáforas, que é o uso de uma situação querendo falar de outra. Quem escutava as canções sabia que elas estavam falando da censura, da ditadura e da sociedade da época.

Já "Que país é esse?" fala da juventude da década de 1980, que era bastante envolvida com a política. A banda Legião Urbana é da cidade de Brasília e muitas vezes fala em suas letras de música sobre a situação política, principalmente sobre a corrupção, tema bastante atual e que pode ser conversado com os catequizandos.

Se o catequista quiser trabalhar o *#FicaADica* no encontro, pode se encaixar este momento após o *Trocando ideias*. Os catequizandos escutam as canções, percebendo o que elas trazem de incomodação. A incomodação leva a pessoa ao protesto, ou, no caso da canção "Cálice", a pessoa protesta justamente por não poder expressar sua incomodação.

Escolhendo pela Palavra de Deus

A catequese deve nos levar a uma atitude de seguidor de Jesus. Mais que inserir-se numa comunidade, ser cristão é inserir-se numa comunidade que quer assumir uma atitude de vida. Não basta se dizer cristão. Somos chamados a construir o Reino.

O homem rico de Mc 10,17-22 (que Marcos não diz que é jovem, isso está nos outros Evangelhos) é aquele que observa os Mandamentos. Ele é um religioso. Cumpre os preceitos e as leis de sua crença. Mas Jesus quer mais dele. Jesus quer que ele se transforme em discípulo. Mais que observar leis, o discípulo é aquele que busca viver plenamente o seguimento de Jesus.

Mas uma coisa é certa: Marcos diz que o homem saiu pesaroso (cf. Mc 10,22) ao perceber que não se sentia capaz de seguir Jesus vendo tudo o que tinha e distribuindo seus bens (cf. Mc 10,21). Só sai pesaroso aquele que de alguma maneira foi mexido. Mesmo indo embora, o homem saiu INCOMODADO por Jesus.

Papo com Deus

A Leitura Orante de Mc 10,17-22 quer que cada catequizando reze a experiência de ser chamado por Deus. Para aceitar o convite de "vender tudo, dar aos pobres e seguir a Jesus" (v. 21) é preciso sair do comodismo que afasta do caminho proposto por Jesus.

No *Livro do catequizando* apresentamos questões que servem de roteiro para a Leitura Orante. É importante o adolescente perceber que ele pode se enxergar no personagem do "homem rico". Sair do comodismo e assumir a atitude de incomodar-se, própria de Jesus, é um processo.

Dinamizando a Leitura Orante

Trabalhar com as limitações que nos levam ao comodismo pode ser um bom momento de incentivo ao crescimento. Distribuir folhas em branco e pedir que cada catequizando escreva seus comodismos, que são dificuldades no seguimento de Jesus ou, segundo o texto bíblico, suas riquezas. Depois, fazer, de maneira celebrativa e orante, um rito onde eles possam queimar (se for possível), amassar ou rasgar o papel.

É importante valorizar a atitude de incomodação, de abertura e despojamento diante do convite de Jesus, que nos chama a segui-Lo.

Terminar a Leitura Orante com o texto de conclusão. Nossas dificuldades podem ser relacionadas com a dificuldade da cruz, que apesar de não ser consequência de comodismo, mas incômodo de Jesus, redime-nos e leva à ressurreição.

INCOMODADOS PELO REINO

Vimos que Deus nos chama a colocarmos nossa vida em movimento, saindo da acomodação e assumindo a atitude de incomodar-se. Na segunda parte de nosso tema, vamos trabalhar o movimento da vida em contato com as outras pessoas. Ninguém vive sozinho e por isso mesmo o movimento dos outros tem relação direta com a nossa vida. Sair do comodismo implica num novo modo de nos relacionarmos, seja com nossos mais próximos, com nossa comunidade de fé ou com a sociedade onde vivemos.

E AGORA o encontro...

Incomodados pela Palavra de Deus

O texto da multiplicação dos pães nos mostra o ideal de Reino de Deus visto pela incomodação consequente da comunhão com o próximo. Para entendermos um pouco mais sobre o texto de Mc 6,30-44 é muito importante não desvincularmos a ideia de multiplicação da atitude da partilha. Jesus multiplica o pão no convite a que todos partilhem aquilo que têm. Primeiro os discípulos, quando diz: "Dá-lhes vós mesmos de comer" (v. 37). Depois a todo aquele que entendeu o projeto do Reino e que aceita partilhar o que traz consigo, seja o pão, o tempo ou a vida. Jesus incomoda os discípulos que, por sua vez, continuam no comodismo.

É importante, aqui, o catequizando perceber que o Reino acontece a partir de nossa atitude de envolvimento e compromisso com o outro, seja na nossa família, na nossa comunidade, ou aqueles que estão à margem da sociedade e sem pão, como estava a multidão em Mc 6,30-44.

No texto de Marcos, os versículos 36 e 37 são bastante interessantes. Os discípulos pedem que Jesus despeça a multidão. Essa é a postura de quem está no comodismo. Eles não se incomodaram com o fato de a multidão estar com fome, mas Jesus não aceita. Diz que os próprios discípulos são responsáveis por dar de comer àquelas pessoas. Ninguém que procura Jesus ou a comunidade pode ser despedido sem pelo menos ser escutado. Jesus está ensinando a seus discípulos como deve ser a missão: escuta e atenção aos que são desprovidos seja do que for, seja de Deus ou de pão. Ninguém pode sair de mãos e coração vazios.

Papo com Deus

A proposta de Leitura Orante a partir de Mc 6,30-44 quer levar o catequizando a se sentir parte do projeto do Reino de Deus, seja como discípulo ou como multidão. O Reino é para todos. É importante seguir as questões apresentadas no *Livro do catequizando*. Elas servem de roteiro para a Leitura Orante.

Dinamizando a Leitura Orante

A Leitura Orante pode ser acompanhada de uma dinâmica com pães. Colocar um cesto vazio no meio da sala e distribuir um pedaço ou um pequeno pão para cada um. Orientar os catequizandos para que, um a um, coloquem o pão no cesto e digam em que poderiam contribuir em benefício da vida dos outros. Ensinar que todos temos o que oferecer.

Num segundo momento, cada um pega um pedaço de pão dizendo aquilo que pode receber. É bom que ninguém pegue um pão inteiro. Precisa sobrar pão.

Também é importante que os catequizandos percebam que todos precisam de algo, seja pão, seja companhia, seja amor. Ninguém é tão perfeito e completo que não precise de ajuda.

O pão que sobrou nos ensina que outras pessoas, que estão fora de nosso grupo de catequese, também precisam de nosso pão ou de nossa ajuda.

Fala sério!

Muitas vezes o catequizando pode dizer que se sente incomodado pela realidade trazida pela televisão, falar da fome em alguns lugares do mundo ou da pobreza em alguns lugares do Brasil. É preciso trazer para o encontro as realidades mais próximas da vida dos adolescentes.

Trocando ideias

Esse incomodar-se com o que está próximo do catequizando, tratado no *Trocando ideias*, pode ser ilustrado pelo que o adolescente vive dentro de sua própria casa. Incomodar-se o levará a se comprometer com o espaço familiar, sentindo-se parte integrante da família.

Níveis pessoal, da comunidade de fé e social

A acomodação e a atitude de construção do Reino nos levam a um comprometimento que se estende em três níveis diferentes: o pessoal, o da comunidade de fé e o social. É preciso trabalhar com os catequizandos a ideia de que vamos nos envolver com o ideal de Reino nesses três níveis.

A fotografia sobre manifestações pode dar início à conversa sobre o envolvimento dos adolescentes com as questões sociais. As manifestações são cada vez mais comuns, e falar sobre esse assunto é necessário pra que os catequizandos vivam suas incomodações sociais de maneira madura e sadia.

A fotografia é seguida de atividade para que os catequizandos relatem acomodações ou incomodações em nível pessoal, da comunidade de fé e social. Essa atividade encerra o momento do ver e julgar, e dá início ao momento do agir. São três espaços para que o catequizando fale sobre acomodação e incomodação nos níveis pessoal, comunitário e social. O catequizando pode escolher se quer falar de incomodação ou de acomodação. Deixe-o livre. Ele também pode escolher se quer escrever, desenhar ou usar alguma outra ferramenta.

Trocando ideias

Conseguir ver sinais do Reino na sociedade é importante para pensarmos nossa atitude cristã. Cabe ao catequista lembrar que o Reino, mais que resultados, é a atitude de incomodação com aquilo que nos afasta dele. Incomodada, a pessoa passa a agir tentando se configurar à atitude de Jesus, passando a fazer tudo de maneira diferente.

O catequizando incomodado continuará a viver sua vida de adolescente. Ele vai jogar bola, ouvir música e se divertir, mas fará tudo isso numa atitude de respeito à vida, seja a sua ou a das pessoas que convivem com ele.

#FicaADica

A canção "Sistema nervoso" serve para ilustrarmos que também somos influenciados pela sociedade na qual vivemos. Nossos projetos de vida não são isolados. Influenciamos a sociedade, mas também somos bastante influenciados por ela.

Sistema é o nome que damos às estruturas sociais que não podem ser vistas mas que sabemos que existem. Há, no mundo, um sistema de pobreza, de indignidade humana ou de pecado. O sistema extrapola a ação humana. Por mais que geremos empregos, vivemos num sistema que não consegue dar emprego para todos. Sempre haverá desempregados.

A canção merece uma observação. Ela é a fala de um adulto advertindo um jovem sobre as coisas ruins que acontecem. O adulto tenta convencer o jovem de que se envolver com essas questões pode trazer prejuízos à sua própria vida. Logo no começo, a canção fala que "quando gente grande quer lutar por seus direitos acaba numa cruz ou cozinhando num espeto". A cruz pode ser relacionada ao compromisso do cristão e à cruz de Cristo. Cozinhar no espeto pode ser relacionado à pessoa que é descriminada por seus compromissos.

Se o catequista for trabalhar com o clipe no encontro, é importante visualizar as dicas do *Livro do catequizando*. Também é importante ressaltar a atitude do cristão-cidadão. Acomodar e incomodar são atitudes que aparecem no clipe e na canção em vários momentos. Organizar a turma em dois grupos e pedir que um deles identifique o que o clipe e a canção trazem da atitude de incomodar e o outro, da postura de comodismo. O clipe pode ser utilizado entre o *Trocando ideias* e *E a nossa Igreja com isso?!*.

▶ *E a nossa Igreja com isso?!*

A comunidade tem seu papel de tirar as pessoas do comodismo e, ao mesmo tempo, para que isso aconteça, ela precisa se colocar numa constante atitude de incomodar-se. A comunidade é ponte entre as pessoas e o Reino de Deus. O Reino é entendido como todos os trabalhos da comunidade que buscam resgatar a dignidade humana. O catequista pode fazer uma pesquisa prévia dos trabalhos de promoção humana existentes na comunidade.

Colocamos a Pastoral da Criança como exemplo de atividade da comunidade que auxilia na construção do Reino. Se na sua comunidade existe uma equipe de Pastoral da Criança, seria importante trazer uma liderança para conversar com os catequizandos ou mesmo levá-los em uma Celebração da Vida. Os adolescentes poderão ter contato direto com as crianças assistidas e reconhecer a atitude de Jesus presente no trabalho das pessoas que realizam a ação pastoral da comunidade. Se a comunidade não conta com o trabalho da Pastoral da Criança não há problema. O catequista pode procurar um trabalho equivalente.

O momento *E a nossa Igreja com isso?!* é seguido de uma atividade onde os catequizandos procurarão atitudes do Reino na vida de sua comunidade. É importante que o catequista não dê dicas. Deixe que os catequizandos pesquisem ou partilhem aquilo que já conhecem de sua comunidade. Não é necessário que seja uma pastoral. Pode ser um serviço prestado por algum movimento ou grupo da comunidade. O importante é que o adolescente se sinta cada vez mais parte da comunidade.

TEMA 2

Sonho de Deus... nossos sonhos

Objetivos do tema

- Reconhecer a experiência do Paraíso (Gn 2,4ss.) como sonho de Deus para a criação.
- Reconhecer-se como parte da criação.
- Identificar a necessidade de assumir as atitudes que possibilitem a realização dos sonhos e a vivência do Paraíso também na relação com as pessoas e com a sociedade.

Quem sou eu? Esse tema é fundamental para uma boa CP. O adolescente que não se conhece não é capaz de se relacionar com a mesma qualidade, seja consigo mesmo, com a família ou mesmo com a sua comunidade de fé. Geralmente, trabalhamos quem somos a partir das características físicas, psíquicas, familiares e históricas de nossos catequizandos. Tudo isso é muito importante e será trabalhado em outros temas propostos por este livro. Aqui, trabalharemos quem somos a partir da perspectiva bíblico-teológica. Deus nos cria tendo em vista a vivência do Paraíso. Entendemos Paraíso como a concretização do projeto de Deus para a criação. O Paraíso é a realização e a felicidade do ser humano. Entender que somos criados para o Paraíso é fundamental para que possamos embarcar nesse projeto de Deus.

E DEUS SONHOU COM O PARAÍSO

Esta primeira parte do tema trabalhará o Paraíso como uma situação sonhada por Deus. O Paraíso não deve ser entendido como um território. Ele é um horizonte para onde olhamos, que guia nossas vidas. Trabalhamos para sempre chegarmos perto do Paraíso, que é o lugar onde Deus habita.

E AGORA o encontro...

Dinamizando o encontro: aqui, é possível fazer uma dinâmica. Você pode utilizar desenhos de nuvens com espaço para que, dentro, os catequizandos escrevam seus sonhos. Apenas distribua as nuvens em branco, ou mesmo papel em branco, pedindo que eles desenhem a nuvem, e peça que dentro da nuvem escrevam seus sonhos. Não explique muito. Coloque os papéis preenchidos colados na parede, na ideia de que os sonhos estão nas nuvens. No decorrer do encontro, eles verão a diferença entre sonho e delírio, e também verão a relação entre sonho e Paraíso. No final do tema ou do encontro, cada um pega sua nuvem e traz para a realidade. Falar da importância de nos apropriarmos daquilo que sonhamos.

Por que Deus nos criou?

O importante aqui é entender que Deus não nos cria para o sofrimento e para o mal. Podemos falar que o mal é um "acidente de percurso" e que não faz parte dos planos de Deus. Ele nos cria porque quer expressar esse amor. Apesar de o objetivo do tema não ser a discussão teológica do Paraíso e da criação, é importante sabermos o porquê da Revelação Divina: Deus se revela ao ser humano para amar, para demonstrar e expressar o seu amor, e Jesus é a expressão máxima do amor de Deus.

Mas o que é o sonho?

Para falar da relação entre os projetos humanos e os projetos de Deus usaremos a metáfora do sonho. Mas, antes de tudo, precisamos esclarecer como faremos uso da palavra "sonho". Poderíamos trabalhar, aqui, com outros conceitos, como projeto de vida ou utopia. Preferimos falar de sonho por ser mais simbólico. A utopia poderia trazer uma realidade distante demais da vida presente de nossos catequizandos, enquanto projeto de vida poderia perder toda a magia que existe no viver. Na verdade, sonho, projeto de vida e utopia são conceitos muito próximos e podem ser usados no encontro.

Ao falar de delírio e sonho, pedir que o catequizando volte à nuvem desenhada no início do tema. O que está dentro da nuvem está mais perto do sonho ou do delírio?

▶ Trocando ideias

Este momento serve para trazermos o tema para a vida cotidiana dos catequizandos. Eles podem falar sobre seus sonhos e expectativas. Esta é a primeira discussão sobre o tema. Fazer alguma alusão às nuvens da dinâmica de abertura do tema. Procure explorar, na discussão com os catequizandos, a diferença entre sonho e delírio. Procure estabelecer a diferença entre o sonho e o material, e a utilização do material. Se alguém disser, por exemplo, que sonha com dinheiro, pedir que ele explique o que sonha fazer com o dinheiro. Dificilmente sonhamos com o dinheiro em si. Antes, queremos algum benefício que ele pode nos proporcionar.

▶ Tira de quadrinhos

É importante o catequizando se sentir como o personagem da tira de quadrinhos. Ele é parte do projeto do Paraíso e sonho de Deus. O sonho de Deus engloba a plena realização de todo ser humano.

E o ser humano estava no Paraíso

O ser humano é criado por Deus. Deus é nossa origem e nosso fim. Dele viemos, somos criados para viver a plenitude de seu Nome. É bom enfatizar Gn 2,15, que diz que "Deus coloca o homem no jardim do Éden para o cultivar e guardar". A criação não está a serviço do ser humano. Há, na criação, o ideal de comunhão. O ser humano é um jardineiro. Ele é chamado a guardar a criação.

Mais que um lugar onde vivemos no passado, o Paraíso é meta para o futuro. Quando o autor bíblico escreve o texto da criação em Gn 2, o povo está vivendo o Exílio da Babilônia, que aconteceu de 597 a 538 a.C. Nesse período, parte da população foi deportada pelo imperador babilônico Nabucodonosor. Na Babilônia, não eram escravos, mas viviam fora de sua terra, prestando serviços para um povo estrangeiro. Por estarem longe de sua terra – que para o povo da Bíblia era a maior promessa de Deus –, procuravam entender qual era o projeto de Deus para eles. É dessa experiência que surge o texto da criação do ser humano.

O Paraíso é a terra dada por Deus, onde o povo pode viver sem o jugo de um imperador estrangeiro. Na experiência do exílio, esse era o horizonte a ser visto. Esse era o sonho deles.

Algumas informações podem ser importantes: Deus usa a argila do solo (v. 7) para criar o homem. Isso lembra o trabalho de muitos hebreus escravos que faziam tijolos de barro. Os rios representam todo o universo conhecido da época. Isso significa que Deus criou tudo o que existe e o Paraíso contempla tudo. A mulher é criada da costela (v. 22). Ela não é criada dos pés, para ser pisada pelo homem, nem da cabeça, para ser superior a ele. A mulher é companheira, tirada do lado, da costela.

Dinamizando o encontro: Os adolescentes gostam bastante de trabalho com argila. Fazer uma Leitura Orante do texto da criação do ser humano com argila ou massa de modelar, onde cada catequizando faça uma miniatura de si mesmo, pode ser um bom trabalho. É preciso ter um espaço onde se possa fazer esse trabalho, com jornais para não sujar chão ou mesas e água para lavar as mãos.

Papo com Deus

Este momento de Leitura Orante tem o objetivo de levar o catequizando a se perceber como criatura amada e criada por Deus e, ao mesmo tempo, ajudante de Deus em sua criação.

Explorar melhor o momento dos agradecimentos. Que não seja um momento egoísta, mas um momento de agradecimento pela criação. Fazer presentes os elementos da natureza, pensando em como eles fazem parte da nossa vida. Em geral agradecemos por aquilo que está à nossa volta, como família e amigos, e isso é importante. tentar, porém enfatizar a gratidão que devemos ter a Deus pelo simples fato de sermos parte deste grande projeto do Paraíso.

Papo cabeça

Este momento segue o mesmo objetivo da Leitura Orante, mas num clima menos introspectivo e de mais partilha e descontração. Os catequizandos podem partilhar suas indagações, principalmente sobre as questões ecológicas e sociais de desrespeito às criaturas. Se for conveniente, o catequista pode trazer para este momento o cântico das criaturas, de São Francisco de Assis.

O *Papo cabeça* é seguido da atividade onde os catequizandos poderão perceber que impedir ou não alguém de participar do Paraíso é muito mais um gesto humano que divino. As atitudes humanas privam as pessoas de sonhar e se construírem filhas de Deus.

#FicaADica

O Paraíso criado por Deus não tinha o objetivo de isolar as pessoas. Não podemos nos fechar aos nossos irmãos e irmãs, como se vivêssemos numa bolha. O Paraíso criado por Deus é coletivo. Mas o importante é entender que, mais que um lugar físico, onde iremos habitar depois de nossa morte, o Paraíso é uma situação de vida, uma atitude. Adão e Eva representam a atitude de quem está em comunhão com Deus. Sair do Paraíso é quebrar a comunhão. Quem está em comunhão com Deus só pode viver situações boas. Por mais que a vida seja de dificuldades, aquele que está com Deus vive com a tranquilidade do amor de Deus. Isso é o Paraíso, a paz de espírito. Então, por mais que o Paraíso seja uma realidade coletiva, ele passa por nossa realidade pessoal. Esse link pode ajudar o catequizando a perceber aspectos do Paraíso em sua vida pessoal.

Se o catequista for utilizar o clipe no encontro, pode assisti-lo com os catequizandos, pedindo que observem as atitudes do elefante. Depois, pode pedir que partilhem. O elefante busca a todo o momento viver seu Paraíso. É importante que o catequista busque a tradução da canção "Paradise". Provavelmente, haverá catequizandos que não sabem inglês e a letra da canção é também bastante interessante.

SONHAMOS JUNTOS

Na segunda parte do nosso tema, daremos um passo além. Podemos entender que aquele que vive o Paraíso de maneira egoísta, vive um falso paraíso. A experiência de Deus nos leva sempre ao encontro do outro. Neste segundo momento de nosso tema, vamos trabalhar o aspecto social da vivência dos sonhos e da felicidade. Infelizmente, em muitas realidades, as pessoas são impedidas de sonhar. Jesus foi contra isso. Ele sempre eleva a pessoa à dignidade de criatura-filha de Deus.

E AGORA o encontro...

Temos no livro três situações:

1. Artigo que fala que moradores do Piauí comem rato-rabudo por causa da seca. É importante esclarecer que esse não é o rato de esgoto comum nas cidades. É um rato que, em muitos lugares, é habitualmente servido na alimentação. As pessoas perdem a oportunidade de escolher sua própria alimentação, pois são vítimas da seca. Para esclarecer eventuais dúvidas sobre a reportagem, pesquise na internet. Há vários artigos sobre esse episódio dos ratos-rabudos.

2. A frase de Dom Helder Câmara tem forte apelo comunitário. Nossos sonhos não podem ser uma redoma sob a qual nos isolamos das pessoas que convivem conosco. Compartilhar do sonhos dos outros é atitude cristã.

3. O estudante fotografado nos remete ao ambiente da educação. Qual é o papel da educação em nossa vida? É preciso perceber que muitas oportunidades da vida humana passam pela formação da escola ou da faculdade. Deixe os catequizandos falarem dessa realidade educacional e da interferência que ela exerce na vida deles e das pessoas, de modo geral.

Dar um tempo para que os catequizandos expressem suas ideias e impressões sobre aquilo que viram. Depois, o catequista deve levar a discussão para o tema, olhando para os três exemplos a partir das ideias de sonho e Paraíso. As pessoas têm o direito de sonhar respeitado? E nós, colaboramos na construção do sonho de Deus? Essas duas questões devem iluminar a discussão.

Papo cabeça

Este momento do tema está relacionado com as três situações trazidas acima. Neste momento, é bom menos teorias sobre realidade social, tristeza, sonhos e felicidade, e mais partilha de vida. Provavelmente eles têm muitas situações para partilhar de pessoas que buscam realizar seus sonhos e também de pessoas que são impedidas de sonhar por inúmeras situações, sejam elas conhecida ou familiares.

Tira de quadrinhos

Mais que sonhar com "coisas", somos chamados a assumir a postura de sonhadores de uma vida melhor para todos. Jesus sonhava com o Reino, conforme vimos no tema 1. Somos chamados a sonhar com muitas situações de vida. Essa postura nos dá esperança e vigor para sermos cristãos convictos. Sonhar com a possibilidade de todos terem o direito de sonhar é expressão da verdadeira caridade cristã.

Continuando o texto...

Nossos sonhos são bastante influenciados por aqueles que vivem perto de nós. Nossa família, amigos, educadores e comunidade de fé contribuem bastante para a formação de nosso modo de pensar, agir e escolher.

O problema é quando, ao invés de ajudar, toda essa realidade atrapalha. Como assim? Uma família com muitos problemas não traz tranquilidade suficiente para seus filhos. A falta de educação de qualidade não alarga nossos horizontes e "amigos errados" podem nos levar para o caminho da criminalidade e das drogas.

É bom alcançarmos um meio termo entre a macro e a micro estruturas. Às vezes, podemos acreditar que a realidade é tão maior que nós que nada podemos transformar, e às vezes podemos ser ingênuos, acreditando que a boa vontade muda tudo. Independentemente disso, somos chamados a fazer nossas próprias escolhas, transformando primeiramente aquilo que está ao nosso alcance. E perceber o que nos influencia é muito importante para termos maturidade suficiente para escolher o que é bom.

Fala sério!

Quem não tem o básico para viver só tem cabeça para sonhar com isso. Só a partir do momento que o básico é assegurado a pessoa tem condições de sonhar. Entendemos como básico saúde, moradia, trabalho, educação e tudo de que uma pessoa precisa para viver. Essa discussão pode ser retomada na parte final do tema. E a nossa Igreja *com isso?!* pode ser um momento de falar dos serviços comunitários que auxiliam para que a pessoa tenha o básico e essencial.

A Palavra nos ensina a escolher a melhor parte (Lc 10,38-42)

O texto de Lc 10,38-42 nos ajuda a perceber como é importante sermos livres para escolher a melhor parte. O foco que queremos dar a essa leitura é o da liberdade de Maria, que "escolheu a melhor parte" (v. 42).

Para entender um pouco melhor a leitura

Marta era a mulher virtuosa segundo a cultura de seu tempo. Assumia os afazeres e as funções que eram próprias da mulher. Era próxima do grupo dos seguidores de Jesus. Era mulher santa, que demonstrava bastante vigor. Mas havia um problema: ela, apesar de escutar o que Jesus falava, escutava pelos cantos. Não participava junto com os outros discípulos e seguidores. Era como se não pudesse ser seguidora por inteiro. Ela se sujeitava às estruturas e condições de seu tempo histórico, que não aceitava que a mulher fosse discípula.

Maria era diferente. Ela escolheu ser discípula. É importante lembrar que naquela época as mulheres não podiam ler nas sinagogas, nem adentrar o mesmo espaço que os homens no Templo. Maria não estava preocupada com isso. Ela "escolheu a melhor parte" (v. 42) querendo seguir Jesus.

Não se trata de desmerecer a figura de Marta e valorizar Maria. Trata-se de perceber duas posturas. De acordo com o nosso tema, a postura de aceitar as limitações impostas pela realidade onde se vive e a postura de escolher a melhor parte: lutar pelos seus sonhos.

Papo com Deus

O momento de Leitura Orante pode ser oportuno para rezarmos nossos sonhos como projetos de discipulado. Podemos perceber que tudo aquilo que escolhemos para a nossa vida pode nos levar ao discipulado. Somos discípulos como estudantes, como família, como comunidade de fé e como sociedade.

O *Papo com Deus* visa a proporcionar ao catequizando a reflexão de que suas atividades diárias e a busca da realização de seus sonhos não devem afastá-lo de Deus e do caminho do discipulado. Deve haver harmonia entre nossa vida cotidiana e nossa experiência de fé.

Dinamizando o encontro: este é um momento interessante para resgatarmos as nuvens confeccionadas no início do desenvolvimento do tema. Pedir que os catequizandos digam como seus sonhos podem proporcionar momentos de discipulado: "Como meus sonhos contribuem na construção de um Paraíso?", pode ser uma questão interessante para dinamizar o *Papo com Deus*.

#FicaADica

Sonhar não é delírio ou devaneio. Sonhar é uma escolha, uma postura, uma atitude. Pessoas são exemplos de opção por essa atitude sonhadora. Apresentamos a figura de Martin Luther King. Ele foi um ativista estadunidense que lutou contra o racismo. Sua atividade foi intensa, principalmente na década de 1960. Esse pastor batista, que cultivava um forte apelo ecumênico, foi assassinado em 1968 como consequência de suas escolhas. Esse exemplo quer ser um incentivo dessa tão grandiosa postura de dedicar a vida a um ideal.

Se o catequista quiser trabalhar com o discurso de Luther King no encontro, pode trazer partes do discurso que acreditar ser mais interessante. O discurso é um pouco longo e, por isso mesmo, o catequista deve fazer uma seleção prévia das partes a serem usadas. Uma questão interessante a ser abordada é sobre a atualidade – ou não – das questões enfrentadas por Luther King.

E a nossa Igreja com isso?!

A comunidade cristã é chamada a se colocar a serviço das pessoas. Um desses serviços é o da construção da dignidade humana. Trazemos, no *Livro do catequizando*, o exemplo dos Vicentinos. Se em sua comunidade existe alguma conferência vicentina, seria interessante o contato dos adolescentes com esse trabalho. Trazer um vicentino para o encontro de catequese ou levá-los a uma reunião da conferência pode ser um momento propício para que os catequizandos conheçam o ideal da prática da caridade cristã. Se houver em sua comunidade alguma conferência jovem, busque colocar os catequizandos em contato com ela.

Seria interessante enfatizar a existência de pastorais da comunidade que resgatam essa dignidade. Podem ser exemplo a Pastoral da Sobriedade, que busca tirar as pessoas do vício das drogas, a Pastoral da Criança, que busca suprir as necessidades básicas e vitais, e a Pastoral da Saúde, que quer ser uma presença na vida dos enfermos. Procure não dar ênfase aos serviços que não existem em sua comunidade. Valorize aqueles que existem, para que seus catequizandos possam perceber que a comunidade constrói caminhos de sonhos.

O *Documento de Aparecida* fala da importância de uma pastoral missionária. A pastoral não deve ter um ideal de manutenção, mas, dentro do nosso tema, um ideal de proporcionar um Paraíso que inclua em si cada vez mais pessoas.

TEMA 3

Viva o colorido!

Objetivos do tema

- Reconhecer a diversidade como característica presente nas relações humanas, incluindo-se nessa realidade.
- Reconhecer o preconceito como atitude de desrespeito à diversidade.
- Identificar a necessidade de assumir atitudes de respeito à diversidade.

Todos temos referenciais. Isso é bom. Eles orientam nosso crescimento. Este tema quer trabalhar o referencial de Paulo, que compara a Igreja ao corpo (cf. 1Cor 12). Somos diferentes, e são as nossas diferenças que nos completam, formando o corpo. Padronizar as pessoas é um erro, e esse erro é maior quando isso acontece com nossos adolescentes. Eles estão na fase mais criativa de suas vidas, descobrindo seus talentos e suas características. Neste tema, vamos discutir a diversidade no âmbito pessoal, familiar, cultural e social, além de, claro, falar dos vários dons e carismas que formam a comunidade cristã.

A DIVERSIDADE É DOM DE DEUS

Dinamizando o encontro: uma sugestão é iniciar o encontro pedindo aos catequizandos que partilhem exemplos de diversidade a partir de seu cotidiano, como estilo musical, comida, roupa, bairros, cidades, países, culturas etc. Isso pode inseri-los no tema trabalhado.

E AGORA o encontro...

Fala sério!

Este é o espaço para percebermos que a diversidade é boa. Aqui, cabe uma observação: muitas vezes pegamos um exemplo de algo ruim que acontece para desmerecermos aquilo que é diferente. Façamos o contrário. Busquemos exemplos bons de diversidades que se completam.

Dinamizando o encontro: se for oportuno, faça a dinâmica do conjunto musical. Cada pessoa toca um instrumento. Pode ser tambor, pandeiro, chocalhos, ou mesmo bater palmas e cantar. Os catequizandos podem confeccionar instrumentos musicais de sucata, como chocalhos de lata de refrigerante com grãos de feijão ou pandeiros de cartolina com tampas de garrafa. Pensar numa canção e dar ritmo a ela com os instrumentos. São vários instrumentos que tocam uma bela música.

Tira de quadrinhos

Ela apenas confirma a ideia do *Fala sério!* acima. A ideia é trazer a diversidade como um valor.

Valorizados pela Palavra de Deus 139 (138)

O Salmo 139 é um cântico de valorização do ser humano, mas o salmista louva Deus por seu cuidado com cada ser humano. Os salmos eram as orações do povo da Bíblia. Essas orações foram reunidas e formam o Livro dos Salmos. Dentro do costume hebreu, as orações eram sempre cantadas, assim como muitas comunidades fazem nas celebrações, quando o salmista canta o salmo.

Rezar com os catequizandos o Salmo 139 em forma de Leitura Orante. No *Livro do catequizando* propõe-se a dinâmica do nome. Para realizá-la é interessante disponibilizar aos catequizandos materiais para colorir ou material de colagem, como papeis coloridos ou revistas antigas. Se for possível, distribuir folhas de papel, para que escrevam seus nomes usando muita cor e enfeites que expressem as características de sua personalidade. Enfatizar que a oração pode ser dinâmica e agradável.

A ideia a ser trabalhada é a valorização de cada pessoa. Se o catequizando não se valoriza enquanto pessoa não será capaz de aceitar aquele que é diferente.

Diversidade de pensamento

Duas pessoas têm pensamentos diferentes. Será que necessariamente uma está certa e a outra está errada? Talvez não. Ideias são diferentes e se complementam. Entender as origens, a cultura de uma pessoa é um ótimo modo de entender suas ideias, sua compreensão de mundo. O mundo não é formado apenas por ideias certas e erradas. É claro que devemos saber distinguir aquilo que é errado, mas não confundamos as coisas. Aqui, estamos falando de diversidade. Se duas ideias são diferentes, não significa que uma esteja certa e a outra errada.

Procure refletir com os catequizandos sobre a importância de entendermos o porquê dos pensamentos daqueles que têm ideias diferentes das nossas.

De onde viemos?

Mais que falar para o catequizando que a diversidade é importante, buscaremos levá-lo a perceber que existe diversidade dentro de sua própria família e em suas origens. Se for oportuno, pedir, no encontro anterior, para que o catequizando pergunte a seus familiares sobre as suas origens (modos de viver e pensar, a história de vida dos seus antepassados e de sua família). Depois busque, a partir da partilha, trabalhar a ideia de que o Brasil é um país bastante plural.

Diversidade na turma de catequese

Agora que o catequizando viu que a diversidade existe em sua própria vida, poderá respeitar a diversidade presente nas outras instâncias da vida humana, inclusive no próprio grupo de catequese.

É importante evitar o *bullying* entre os catequizandos. É preciso valorizar o que o outro tem de bom e não evidenciar suas características de modo a desvalorizá-lo diante do grupo.

Continuando o texto...

Para a dinâmica sobre a diversidade, se for possível, providenciar material para pinturas e recortes. As cores são ótimos instrumentos para expressarmos a beleza da diversidade. Também se pode pedir que cada catequizando escreva seu nome num papel de maneira bem criativa. A diversidade presente na criatividade dos catequizandos pode ser uma ótima forma de dinamizar o encontro.

▶ *Papo cabeça*

Possibilite aos catequizandos cultivar o sentimento de compaixão. Isso significa se colocar no lugar do outro. Se for oportuno, podem fazer a dinâmica da pessoa que guia quem não enxerga. Separar os catequizandos em duplas. Um deles tem os olhos vendados e o outro o guia. Depois, podem trocar de posição. Será que aquilo que vemos (com os olhos) é o único modo certo de ver a realidade? Claro que não. O deficiente visual não percebe a realidade de maneira errada, ele a percebe de maneira diferente. Explorar, junto aos catequizandos, as diferentes formas de perceber uma mesma realidade.

Fala sério!

Trabalhar com os catequizandos a ideia de que precisamos crescer e não há crescimento sem mudança. Quem não muda suas ideias não é capaz de crescer.

Continuando o texto...

Jesus foi totalmente contra o preconceito. Ele foi ao encontro dos doentes, pobres, viúvas e prostitutas. Por mais que seja discutido, o preconceito ainda faz parte de nossa sociedade. Se for oportuno, explore também situações relacionadas ao preconceito religioso. Mas procure enfatizar mais o preconceito que praticamos e não o preconceito que sofremos.

#FicaADica

Cultivar a diversidade como valor não é tão simples. O vídeo indicado é um exemplo de como a não valorização da diversidade pode ser prejudicial no desenvolvimento das potencialidades da pessoa. Às vezes, temos ideias ótimas ou fazemos coisas espetaculares, mas não temos coragem de expressá-las por serem diferentes. Os adolescentes são muito criativos e bastante alternativos. Precisam ser valorizados pelo que produzem, mesmo que seja diferente daquilo que nós, adultos, gostamos.

Se o catequista optar por utilizar o vídeo no encontro, pedir que os catequizandos digam, depois de assistirem ao vídeo, quais os personagens ou elementos que mais chamaram sua atenção. Depois, aos poucos, relacione as falas com o tema trabalhado.

Trocando ideias

Vamos começar a tratar da diversidade dentro da realidade familiar. Muitos conflitos seriam resolvidos se assumíssemos a diversidade como valor. Ajude os catequizandos a valorizar a diversidade de suas famílias. Provavelmente, eles partilharão vários modelos de formação familiar. Poderão sair assuntos como divórcio, segunda união e até união homoafetiva. Mais que falar de moral (aquilo que é certo ou errado), procure trabalhar o valor do amor e da acolhida. Se for oportuno, lembre da postura de constante acolhida do Papa Francisco. Ele serve de referencial para que não julguemos, mas acolhamos, além, é claro, do próprio Jesus, modelo de compaixão e acolhida.

CONVIVENDO COM QUEM É DIFERENTE

A convivência com aqueles que têm características diferentes das nossas é um desafio. Mais que falar da diversidade presente nas várias culturas e povos existentes no mundo, queremos, na sequência do tema, falar das relações cotidianas ou sociais mais próximas da vida dos catequizandos. A diversidade faz parte de nossas vidas, de nossas relações e de nosso cotidiano. Viver com quem é diferente sempre traz implicações que buscaremos iluminar com a vivência da nossa fé.

E AGORA o encontro...

Tira de quadrinhos

Para assumirmos o ideal de diversidade precisamos "abrir a mente". Nem sempre é fácil aceitar quem tem hábitos ou pensa diferente de nós. Por isso mesmo devemos assumir as atitudes de compreensão e compaixão próprias de Jesus.

Continuando o texto...

A diversidade é sadia para a sociedade. Procure trabalhar com eles a diversidade profissional. Precisamos de roupas, habitação, transporte, energia elétrica e água, além de tantas outras coisas. Para que tudo isso chegue até nós, há uma variedade enorme de profissionais. Se todos tivessem uma única profissão, a sociedade não conseguiria sobreviver.

Papo cabeça

Geralmente, são considerados diferentes aqueles que não fazem parte das maiorias. Por que uma pessoa com deficiência física é diferente? Porque, na cabeça da sociedade, essa pessoa não está dentro de um padrão. O pior é que muitas vezes, as minorias não conseguem ser ouvidas.

Elas precisam de uma atenção especial. Na época de Jesus já era assim. Ele tinha uma atenção especial com os pequeninos de sua época, como, por exemplo, os doentes. Hoje, precisamos ter uma atenção especial com as pessoas com deficiência ou os idosos, que nem sempre são respeitados.

#FicaADica

A canção de Lenine trata da questão da diversidade confirmando as ideias que trouxemos ao longo do texto. É interessante um compositor do universo secular (ele não é do campo religioso) trazer a diversidade como "toque de Deus".

No *Livro do catequizando* está a proposta para ajudar na reflexão do tema. Se o catequista considerar oportuno para sua realidade poderá trabalhar com a canção no encontro, podendo escutá-la com os catequizandos, e pedir que destaquem qual a frase que eles acreditam que tem relação com o tema trabalhado, ou ainda, que a reescrevam em grupo ou dupla, destacando a importância da diversidade para o desenvolvimento humano e social. É importante que todos tenham a letra da canção em mãos ou em lugar visível.

Diversidade não é desigualdade

Esta é a ideia mais importante e talvez a mais complexa da parte final do tema. É fundamental que todos entendam bem que a diversidade é boa, mas a desigualdade não. Ser diverso é parte da natureza humana. A desigualdade é fruto da ação do ser humano. O melhor exemplo para tratar da desigualdade é o da relação homem-mulher. Eles são diferentes, diversos e não há problema algum. A desigualdade começa quando vemos que a mulher é descriminada pelo simples fato de ser mulher. Procure com eles outros exemplos da relação diversidade X desigualdade.

Dinamizando o encontro: o catequista pode levar jornais e revistas, e pedir que os catequizandos, em grupos, encontrem situações de diversidade e desigualdade.

Fala sério!

Mais uma vez, é importante dizer que o valor da diversidade não quer defender que tudo é certo e aceitável. Temos nossos valores e princípios. O desrespeito ao ser humano deve ser denunciado e não aceito. O que precisamos é aceitar que o mundo não é uniforme, mas diverso.

A diversidade na Palavra de Deus (1Cor 12,12-21)

O texto de 1Cor 12,12-21 traz a ideia da diversidade na perspectiva da comunidade cristã. Somos um só corpo, na diversidade de membros que não são todos iguais, não são uniformes. Mas somos unidos em Cristo, a cabeça. Na comunidade cristã, somos diferentes, mas carregamos um mesmo referencial: Jesus.

Como já dissemos no *Livro do catequizando*, Corinto é uma cidade portuária. Muitos navios paravam na cidade para deixar e levar pessoas e mercadorias. Muitas pessoas também iam para Corinto para trabalhar. O porto atrai muitos serviços, como alimentação, carga e descarga, e até prostituição, que era uma realidade muito presente na comunidade de Corinto e é criticada por Paulo.

Pessoas muito diferentes geram conflitos. Provavelmente, em Corinto, havia escravos (v. 13). Eram diferentes dos escravos africanos trazidos para o Brasil na colonização. Em Corinto havia escravos por dívida, como se fossem empregados que, por não terem como pagar suas dívidas, fizessem de seu trabalho a forma de pagamento. Eles queriam participar da comunidade. Precisavam ser aceitos.

Dinamizando o encontro: os catequizandos podem se dividir em grupos, e cada grupo fica responsável por confeccionar uma parte do corpo humano com folhas de jornal. Não dê muitas informações. Apenas diga: "Esse grupo fará a perna direita. Esse a cabeça com o pescoço...". Depois, juntar a partes. Provavelmente elas sairão um pouco desproporcionais, mas formarão o corpo. Esse é um momento importante para conversar sobre a importância da diversidade e da comunicação em nossa vida, seja na família, nos grupos de amizade ou na comunidade cristã.

▸ *Papo com Deus*

Já falamos de desigualdade e diversidade. Procure retomar com os catequizandos a diferença entre essas duas realidades. A desigualdade desvaloriza aquele que é diferente, enquanto que a diversidade acolhe as diferenças, aproveitando o que elas podem trazer de bom.

No final, há uma oração. Mais que ler juntos, procure rezá-la, criando um ambiente e um clima de oração.

E a nossa Igreja com isso?!

A comunidade também é diversa. Nela, existem várias pastorais, movimentos e serviços. O *Livro do catequizando* traz uma atividade que envolve os serviços prestados na festa do padroeiro. Mesmo que não esteja no período da festa, busque falar sobre a importância de envolver-se com a comunidade, utilizando os festejos como exemplo. Não se esqueça que a festa do padroeiro envolve também festejos litúrgicos, mas busque falar dos festejos que envolvem as comidas, barracas, música e outras atividades, dependendo de sua paróquia.

TEMA 4

Abrindo portas, destruindo muros!

Objetivos do tema

- Reconhecer os relacionamentos como parte importante da vida humana.
- Identificar a necessidade de valorizar as relações cotidianas com os amigos, parentes e com a comunidade de fé, e também as relações com a sociedade como um todo.
- Identificar as ações que ferem um bom relacionamento, promovendo consciência de relações que valorizam as pessoas.

Todos nos relacionamos. Sem relacionamentos não há ser humano. Nascemos de uma família onde realizamos as primeiras experiências de socialização, vivemos em sociedade e organizamos nossa vida cotidiana a partir das relações. Não estamos falando aqui de sermos mais ou menos extrospectivos, mas de socializarmos. Mesmo quem é tímido ou introspectivo se relaciona, pelo simples fato de viver dentro de um grupo social.

A nossa vivência eclesial é pautada nos relacionamentos. Sem um grupo de pessoas não há comunidade. Juntamo-nos em grupos para vivermos a fé e o seguimento de Jesus. Também Jesus quis viver com um grupo de amigos e chamou seus discípulos para viverem junto dele.

JESUS É PORTA SEMPRE ABERTA

Dinamizando o encontro: escrever na lousa ou num cartaz que seja colocado em lugar bastante visível, com letras grandes, a frase: "Ninguém é uma ilha". Perguntar aos catequizandos o que eles pensam da frase e discutir a ideia de que ninguém é autossuficiente nem pode viver num total isolamento.

E AGORA o encontro...

▸ *Tira de quadrinhos*

André nos ajuda a entender que os relacionamentos trazem consigo conflitos e ganhos. Até que ponto devemos fazer aquilo que nossos amigos querem? No exemplo da tira de quadrinhos, temos o jogo de basquete. Mas e se o exemplo fosse o uso de drogas? Temos que ter nossos princípios e valores, e nossas amizades devem nos proporcionar uma vida mais saudável e virtuosa.

Possibilite aos catequizandos entender que os relacionamentos são feitos de trocas e que precisamos, em alguns momentos, fazer algo em benefício de nossos amigos.

▸ *Fala sério!*

Ser amigo de alguém não significa se anular fazendo tudo o que nosso amigo quer, tampouco nos apegarmos a nossas ideias. A amizade é troca, crescimento e, nesse processo, deve haver muito diálogo e compreensão.

Portas e muros

Portas e muros serão as duas metáforas que utilizaremos para desenvolver este tema. A porta nos lembra o relacionamento. Sempre que abrimos uma porta nos abrimos à possibilidade de encontrar algo ou alguém que esteja do outro lado. O muro nos remete justamente à situação contrária: o isolamento. Diante do muro, as possibilidades de encontrar algo ou alguém do outro lado diminuem.

Dinamizando o encontro: você pode providenciar o desenho de uma porta e de um muro, separar a turma em dois grupos e pedir para que um deles fale sobre a porta e o outro sobre o muro. Mas não dê muitas explicações. A partir dos comentários feitos por eles, introduza-os no tema trabalhado.

▸ *Papo cabeça*

Afastarmo-nos das pessoas nunca é uma boa opção. Jesus, com suas atitudes, ensina-nos que é preciso sempre nos aproximarmos das pessoas como gesto de amor. Mas as relações, principalmente na adolescência, são consequência de uma opção pessoal. Procure perceber quais os critérios utilizados pelos catequizandos na escolha de seus amigos.

Atividade dos tijolos

A atividade complementa o *Papo cabeça*. Afastar o mal faz parte da atitude de prudência que deve ser cultivada em nós. O amor pregado por Jesus deve ser entendido como postura a ser cultivada pela catequese e assumida a partir das situações concretas vividas pelos adolescentes. Um adulto que decide viver esse amor incondicional, por exemplo, no trabalho com moradores de rua, tem uma maturidade que muitas vezes ainda não é encontrada nos adolescentes.

Jesus é porta que se abre

Ao utilizar o exemplo da porta em Jo 10,1-6, o evangelista está falando de uma situação bastante específica vivida pelos pastores. Eles viviam nos campos, fora da cidade. Eram desprotegidos e se tornavam presas fáceis para a ação de ladrões. O pastor dormia na porta do curral, fechando o espaço que poderia servir de entrada para ladrões. O curral era feito de um muro de pedras, no formato de uma ferradura. Não havia janelas e apenas um espaço para a entrada e saída, justamente onde ficava o pastor. Mas não ficaria o pastor em situação de perigo? Provavelmente sim. E é por isso mesmo que Jesus se compara ao pastor que se coloca em situação de perigo para proteger suas ovelhas.

▶ Papo com Deus

Na Leitura Orante, podemos nos colocar no lugar das ovelhas que se relacionam com o pastor, que é Jesus. Nossa relação com Jesus irá influenciar diretamente no modo como nos relacionamos com as outras pessoas. Procure criar um ambiente onde a relação com Jesus se torne o centro da oração.

Ao nos abrirmos à relação com Jesus, tornamo-nos capazes de nos relacionarmos melhor com as outras pessoas. A relação com Jesus não nos torna egoístas, mas solidários e sociáveis. Busque enfatizar a importância de não nos isolarmos. Na relação com os outros também podemos nos relacionar com o próprio Deus.

A oração trazida no *Livro do catequizando* possibilita encerrar o momento orante. Rezando juntos os catequizandos podem perceber Jesus como aquele que acolhe e nos ensina a assumirmos uma atitude de acolhida diante das outras pessoas.

#FicaADica

Jesus respeita a nossa liberdade e nunca se impõe a ninguém. Ele sempre se apresenta como proposta. Cabe a cada um de nós abrir-se a esse convite. A canção "A chave do coração", composição de Dalvimar Gallo interpretada por Adriana, enfatiza a figura da pessoa diante de Jesus, que bate à porta.

Se a canção for usada no encontro de catequese, é importante providenciar o aparelho para tocá-la. Também é importante que os catequizandos tenham a letra à vista.

Depois, procure relacionar a letra da canção com o tema trabalhado. Como os catequizandos se relacionam com Deus? Como eles percebem o convite de Deus em suas vidas? É importante entender que a linguagem dos catequizandos não condiz com a linguagem dos adultos. Também a experiência de oração deles é diferente. Dê espaço para que eles falem do relacionamento com Deus a partir de suas próprias experiências.

ABRINDO A PORTA DE NOSSA VIDA

Na primeira parte do tema trabalhamos o relacionar-se como princípio. Vimos que nos relacionarmos é importante e faz parte tanto da condição do ser humano, quanto da vontade de Deus. Também pudemos perceber a importância do relacionamento com Deus. Ele serve de base e inspiração para o nosso relacionamento com as outras pessoas. Na segunda parte de nosso tema falaremos de questões mais práticas de nossos relacionamentos e situações muito concretas onde nos relacionamos com outras pessoas, como a família, as amizades e o namoro.

E AGORA o encontro...

Timidez é diferente de introversão

Logo no início do encontro, acreditamos ser importante falar que não há problema algum em ser introvertido ou tímido. O tema não é uma defesa da atitude de extroversão. Queremos falar da importância dos relacionamentos. E as pessoas tímidas ou introvertidas também se relacionam. É importante elas se conhecerem e aos outros catequizandos, é importante respeitá-las.

Trocando ideias

Numa turma de catequese sempre há aquele que participa mais e aquele catequizando que participa menos. Cada um tem seu modo de se comportar e deve ser respeitado. É importante que o *Trocando ideias* não se torne uma conversa sobre uma pessoa específica da turma de catequese. Isso transformaria o momento num julgamento das atitudes de determinado catequizando e não queremos que isso aconteça.

Nossas relações

Relacionamo-nos com inúmeras pessoas, com algumas mais do que com outras. A dinâmica dos tijolos pode ser importante para que percebamos com quem nos relacionamos mais. Pode parecer óbvio que os catequizandos escreverão que se relacionam mais com sua família. Mas isso nem sempre é verdade. E mesmo dentro da família pode ser que o catequizando não se relacione com todas as pessoas com a mesma constância e intensidade.

Família: todas com seus conflitos, mas repletas da capacidade de amar

Falar de família é importante, mas sempre delicado. Quando propormos um ideal de família, podemos criar uma situação prática de descriminação daqueles que se encontram fora do ideal. Por isso, propomos fazer um movimento inverso. Partiremos falando da realidade vivida pelos catequizandos. Se partirmos dos conflitos e problemas, criaremos uma empatia entre eles. Em menor ou maior grau, todas as famílias têm seus problemas e conflitos. Nosso ideal de família deve estar na união e cooperação de seus membros e não na ausência de conflitos ou problemas. Assim, nosso modelo será a família de Nazaré, justamente pela superação das adversidades e não pela falta de conflitos.

Dinamizando o encontro: a discussão sobre os relacionamentos familiares pode culminar num breve momento de oração pelas famílias. Dependendo da maturidade do grupo, o catequista pode pedir que cada adolescente desenhe sua família numa folha ou escreva o nome de cada um dos membros de sua família. Depois, podem cantar algum refrão ou canto sobre família e rezar uma oração espontânea por cada uma delas, enfatizando o desejo de que sejam local de diálogo e compreensão.

Namoro, uma parte gostosa da vida

Um grupo de adolescentes pode ser bastante heterogêneo. Pode haver adolescentes que já têm algumas experiências de namoro e outros que acham isso uma chatice. Mas sempre é importante conversar sobre esses assuntos. Quando não conversamos, deixamos os adolescentes livres para fazerem aquilo que entendem como certo e que nem sempre fará bem a eles.

Mais que falar se eles devem ou não namorar, queremos falar que o namoro é um relacionamento e deve ser vivido com respeito e amor. Pode ser que surjam conversas a respeito da aprovação familiar ou sobre a sexualidade. É preciso ouvir aquilo que eles têm a dizer e não condená-los. Condenar algo ou alguém é sempre uma atitude antipedagógica. Num segundo momento, o catequista pode e deve instruir, mas sempre em tom propositivo, evitando a abordagem proibitiva. Isso para que se sintam à vontade para expor seus sentimentos, percepções, e para que o catequista possa ajudá-los a refletir se estão se guiando pelo caminho certo. Em outras palavras, possa ajudá-los a repensar opiniões e percepções sobre si mesmos e seu entorno.

Fala sério!

A adolescência é um momento de bastante intensidade, e o adolescente pode acreditar que o namoro se concretizará num casamento, quase como num conto de fadas. É claro que isso pode acontecer. Mas é importante dar ao namoro a importância que ele tem. É o momento de duas pessoas se conhecerem. Ainda não é um compromisso sólido como o do casamento.

Papo cabeça

É importante dar espaço para que os adolescentes falem. Muitas vezes as famílias não conseguem ser um lugar para que isso aconteça. Muitos adolescentes têm medo ou insegurança diante de seus pais. Por isso, é importante o catequista se mostrar como alguém que acolhe o catequizando e busca entendê-lo em suas inquietações e vivências sempre, porém, propondo questionamentos que os ajudem a reconhecer que para toda ação há consequências.

Como é bom ter amigos

Os adolescentes gostam de viver em grupos. É a fase onde convivem diariamente e assumem o comportamento de seus amigos. Por isso mesmo é importante falar das amizades. Elas moldam a pessoa que somos e seremos. Mais que condenar as supostas más amizades, queremos valorizar a amizade enquanto característica cristã. Procure dar espaço para que compartilhem suas experiências de amizades.

As relações sociais

É importante falarmos dos relacionamentos sociais. Muitas vezes não temos consciência de como precisamos dos serviços prestados pelos outros. Falaremos das relações sociais na perspectiva do mundo do trabalho e da escola. A escola é um dos ambientes onde os adolescentes passam a maior parte de seu tempo. Muitas vezes convivemos mais com nossos professores e colegas de classe que com nossa própria família. Por isso, a escola é um ambiente bastante afetivo e que traz bastante recordações. Também pode trazer más lembranças, pois muitos adolescentes podem viver realidades muito cruéis em ambiente escolar, como a exclusão, a discriminação e o *bullying*.

▶ *Fala sério!*

O respeito é um valor cristão e deve ser cultivado entre nós. Por isso, não podemos ver uma empregada doméstica, um lixeiro ou um varredor de rua como alguém indigno ou menos importante. Primeiramente, eles são importantes como pessoa, mas também são importantes pelo serviço prestado à sociedade. Procure fazer essa reflexão com os catequizandos.

▶ *Trocando ideias*

Partiremos, primeiramente, falando com os catequizandos das recordações positivas do ambiente escolar. Provavelmente os catequizandos terão muito o que falar.

Bullying

Ao falarmos da escola nos deparamos com a realidade do *bullying*. Primeiro, precisamos entender o que é o *bullying*, e por isso trazemos a explicação no *Livro do catequizando*. O *bullying* pode tirar o prazer do adolescente de se relacionar com seus amigos na escola ou mesmo de estudar. A catequese pode ser um espaço não só para aqueles que sofrem as consequências do *bullying*, mas também para transformar a consciência daqueles que o praticam.

Fala sério!

Muitas vezes dizemos que o *bullying* é uma brincadeira de crianças e que é normal. Precisamos diferenciar a brincadeira do *bullying*. A brincadeira leva todos ao divertimento e é feita entre amigos. Ela também não é unilateral. Geralmente, o *bullying* é praticado por um grupo específico de adolescentes e visa sempre a agredir as mesmas pessoas.

Papo cabeça

Se algum catequizando decidir partilhar algo, respeite suas palavras e utilize o que ele falar pra criar consciência. Que ele não se torne o centro da discussão, mas o conteúdo que ele trouxer. Evite ideias como "Nosso amigo sofreu isso, coitado" ou "Olhe só, ele é gordinho mas isso não tem problema, ela é magrinha mas nem é tanto assim". A atitude de respeito nas relações é o objeto de nossa discussão.

Jesus era contra a exclusão

O *bullying* é uma forma de exclusão. Jesus se mostra contra qualquer forma de exclusão ao incluir o cego Bartimeu. O texto de Mc 10,46-52 traz várias situações bastante fortes em seu simbolismo, o que nos ajuda a entender bem as ideias de Jesus. A multidão, os discípulos e Jesus andavam pelo caminho (v. 46). O caminho é o lugar comum, o lugar onde todos devem estar. Estamos a caminho, temos nossos objetivos e projetos de vida. Na beira do caminho há um cego chamado Bartimeu (v. 46). Não é uma pessoa qualquer. É o filho de Timeu (v. 46). Nos textos bíblicos, quando alguém tem citado o nome do pai, é porque não é um qualquer. Na cultura da Bíblia, a família é sinal de dignidade. Provavelmente, Bartimeu foi excluído porque ficou cego. Ele não está mais no caminho.

Quando Bartimeu chama Jesus, muitos o repreendem (v. 47). A multidão acha perfeitamente normal que um cego seja jogado à margem da sociedade. Mas Jesus é diferente: Ele chama Bartimeu para o meio do caminho (v. 49).

O versículo 50 é muito bonito. Mais importante que recuperar a visão é ser tratado com dignidade. O cego Bartimeu, quando é chamado por Jesus, deixa o manto e dá um pulo (v. 50). O manto era usado para se aquecer de noite e recolher esmola durante o dia. Se Bartimeu joga o manto é porque não precisará mais pedir esmola nem tampouco dormir ao relento. O pulo é sinal espontâneo de alegria.

Depois, Bartimeu pede para ser curado (v. 51). E sendo incluído, Bartimeu passa a ser discípulo de Jesus, andando pelo caminho e não mais à margem da sociedade (v. 52).

Dinamizando o encontro: depois da leitura, os catequizandos podem formar um grande círculo para simbolizar a inclusão de todos. A comunidade deve ser lugar de acolhida. Entoar um cântico de roda conhecido por todos.

Papo com Deus

O texto de Mc 10,46-52 pode ser rezado na perspectiva da igualdade entre todos. Mesmo que haja diferenças – e sempre haverá –, elas não devem ser usadas para nos distinguir ou nos afastar. Se uma pessoa não consegue jogar futebol com a mesma eficiência, seja por falta habilidade ou por não ter uma perna, ela pode ser muito melhor em raciocínio matemático que o restante da turma. Não queremos criar uma competição, mas o respeito entre todos.

#FicaADica

O vídeo sugerido é do personagem Chico Bento, da Turma da Mônica, que busca estabelecer relações com seu primo que chega da cidade para passar uma temporada em sua casa. Se for oportuno utilizar o vídeo no encontro, providenciar projetor e som, e também é preciso ter acesso à internet. O vídeo pode ser utilizado como motivador para uma discussão sobre o diálogo e a abertura ao outro como possibilidade que evita o *bullying*. Apesar de ser uma situação de provável *bullying*, um menino da cidade passeando na zona rural, temos personagens que se aceitam e crescem na convivência entre eles.

E a nossa Igreja com isso?!

A comunidade deve ser local de acolhida de todos. Isso não deve acontecer apenas nas celebrações onde muitas vezes há um grupo que fica nas portas, cumprimentando quem chega e entregando os folhetos. A acolhida deve levar a pessoa a se sentir parte da comunidade.

No *Livro do catequizando*, trazemos o exemplo da Pastoral do Batismo. Se for oportuno, levar alguém dessa pastoral para conversar com os catequizandos e fazer uma partilha sobre os trabalhos realizados na comunidade. O contato dos catequizandos pode acontecer também com a Pastoral da Acolhida ou algum outro grupo que tenha serviço equivalente.

TEMA 5

E agora, o que fazer?

Objetivos do tema

- Reconhecer o ser humano como um ser que constantemente faz escolhas.
- Compreender as várias situações que pedem uma reflexão sobre as escolhas a fazer.
- Identificar a necessidade de escolher por construir uma atitude de discipulado.

Diariamente fazemos escolhas. Elas fazem parte de nossa vida e não há como fugirmos dessa realidade. Constantemente, deparamo-nos com escolhas mais simples, como quando escolhemos a roupa que vamos vestir ou a comida que vamos comer. Também fazemos escolhas bem mais complexas, como os amigos que queremos ter, nosso comportamento ou mesmo o que vamos fazer de nossa vida. Toda escolha é baseada em valores. Escolhemos por aquilo que é mais importante para nós, mesmo que não tenhamos consciência disso. Queremos que nossos catequizandos possam perceber a importância de bem fazerem suas escolhas, e quais são os valores que orientam suas vidas, escolhendo sempre a melhor parte, que é o amor de Deus.

PERMANECER NO AMOR DE DEUS

Num primeiro momento, queremos que os catequizandos se conscientizem das escolhas que fazem. Iniciaremos por falar da própria atitude de escolher, falando das escolhas mais simples, como a de roupas ou alimentos. Iremos chegar às escolhas mais complexas. Vá com calma que iremos num crescente no decorrer de nosso tema.

E AGORA o encontro...

Ilustração

Do mesmo modo que a menina precisa escolher qual roupa vestirá, também nós fazemos nossas escolhas. Fazemos escolhas em infinitas e corriqueiras situações.

Trocando ideias

Ao falarem sobre as escolhas que fizeram, os catequizandos irão expressar muitas informações corriqueiras. A ideia é justamente essa. Deixe que tomem consciência da própria postura de fazerem escolhas. Se a turma for grande, divida os catequizandos em pequenos grupos ou duplas.

Atividade das escolhas

A atividade é uma forma de proporcionar a participação de todos no desenvolvimento do tema. Ela pode parecer banal, visto que todos sabemos que fazemos escolhas, que alguns catequizandos podem acreditar não ser importante participar. O ato de escrever possibilita um registro e uma maior participação do catequizando na atividade.

Fala sério!

Parece uma afirmação irreal, mas realmente há pessoas que não gostam de escolher. Muitos adolescentes podem ter mães que escolhem suas roupas. A informação do *Fala sério!* começa a trazer o tema do simples cotidiano para a responsabilidade das escolhas.

Tira de quadrinhos

Toda escolha vem acompanhada da responsabilidade de quem escolhe. Nossa responsabilidade se torna maior à medida que aquilo que escolhemos tem maiores consequências para a nossa vida. O que vamos fazer de nossa vida tem uma consequência maior que a roupa que vamos vestir.

Papo cabeça

Por trás de toda escolha há um critério ou um valor. Mesmo que não tenhamos consciência do valor que nos direciona a uma escolha, somos guiados por ele. É importante que o catequizando perceba quais são seus valores e critérios. Talvez algumas ideias fiquem um pouco confusas para os catequizandos neste momento do encontro. Mas a ideia é que eles cresçam no entendimento conforme trabalhemos o tema. Tente trazer algumas situações práticas do próprio cotidiano deles. Por que escolhemos colar na prova e não aceitamos a nota vermelha? Se escolhemos a cola, nosso critério é o resultado a qualquer custo. Se aceitamos que não estudamos o suficiente e tiramos uma nota vermelha, nosso critério pode ser a honestidade.

Nossas escolhas iluminadas pela Palavra de Deus

É importante percebermos que a escolha de Jesus é seu compromisso com a vida, com o Reino ou com o amor do Pai. No *Livro do catequizando*, não colocamos um texto em específico, mas um conjunto de textos. Se for oportuno, escolha um texto para trabalhar com os catequizandos.

▶ *Papo cabeça*

Jesus tinha compromisso com suas escolhas. Seu compromisso foi tão grande e intenso que o levou à cruz. Qual compromisso temos com nossas escolhas? O que guia nossas vidas? Este é o momento de os catequizandos partilharem algumas situações de escolhas. Provavelmente, as escolhas estarão, em grande parte, relacionadas com as situações próprias da adolescência. Isso é positivo e possibilita maior interação das reflexões religiosas com a vida concreta dos catequizandos.

Escolhas X destino

Muitas vezes incorremos no erro de acreditar que as coisas acontecem em nossa vida ou deixam de acontecer simplesmente pela vontade de Deus. Essa ideia não leva em conta que Deus nos cria com liberdade, o que a teologia chama de livre-arbítrio. Deus cria o ser humano como autor pleno e responsável de sua história. A intervenção de Deus se dá como graça e ela é extraordinária e não ordinária, ou seja, acontece esporadicamente. Contudo, é graça igualmente grande sermos criados e encontrarmos a cada dia a possibilidade de escolher e construir nosso próprio destino. A ideia da viagem, presente no *Livro do catequizando*, ajuda-nos bem a entender o que é o destino.

Jesus veio pra morrer na cruz?

Não podemos desvincular a cruz de todo o ensinamento de Jesus. Ela só tem sentido porque Jesus viveu o ideal do Reino em cada uma de suas ações.

Dinamizando o encontro: dizemos que Jesus morreu na cruz para nos salvar. Mas como a salvação se faz realidade na vida concreta e cotidiana dos catequizandos? Colocar um crucifixo no centro da sala e pedir pra que cada catequizando escreva em um pedaço de papel uma palavra que a cruz represente em seu cotidiano. Eles podem colocar as palavras ao redor da cruz. Mas incentive para que eles tenham um olhar mais cotidiano que teológico.

Dinâmica das prioridades

Como nos diz o Evangelho, "onde está o seu tesouro, aí está o seu coração" (Mt 6,21). Dedicamo-nos efetivamente àquilo que ocupa nosso coração. Indicar as prioridades de suas vidas pode ajudar os catequizandos a perceberem o que ocupa seus corações. Ao selecionarem as prioridades, conversar com os catequizandos sobre os critérios que eles assumem. Não se trata de falar qual prioridade é a certa ou a errada. Buscamos colocar prioridades que aparentemente são boas e não se anulam. Mas queremos proporcionar um momento onde os catequizandos reflitam sobre suas prioridades.

A Palavra que nos une a Deus

Jo 15,1-2.11-17 nos mostra uma comunidade que, apesar da diversidade de seus membros, busca viver a unidade do amor de Deus. Esta é a melhor escolha que podemos fazer: permanecer no amor de Deus. Quando isso acontece, Deus se torna o maior critério para nossa vida e nossas escolhas.

Dinamizando o encontro: no centro da sala, colocar o desenho de uma árvore, e no tronco o nome de Jesus ou um crucifixo. Se for possível, colocar uma árvore viva ou ir com os catequizandos até um lugar onde haja uma. Vendo a árvore eles podem entender melhor o texto de João.

▶ *Papo com Deus*

Permanecer no amor de Deus não pode ser uma teoria, mas uma atitude que orienta nossas vidas. Busque ser bastante prático com os catequizandos, olhando para o círculo de amizades, a família ou mesmo para a comunidade eclesial e percebendo como posso permanecer no amor de Deus nessas realidades bastante concretas.

ESCOLHER O AMOR DE DEUS

Na primeira parte de nosso tema, pudemos perceber o que significa permanecer no amor de Deus e vimos que, se permanecemos em seu amor, temos condições de fazer escolhas mais acertadas. Neste segundo momento do desenvolvimento de nosso tema, procuraremos falar das situações práticas onde escolher se faz necessário.

E AGORA o encontro...

Papo cabeça

Falar de corrupção pode parecer bastante simples, mas nem sempre é. Cuidado para que a discussão não se torne partidária, dizendo que o partido X é corrupto e o Y seria a salvação da política brasileira. A consequência disso seria concluir que um partido é melhor do que o outro, e a catequese não seria o lugar mais apropriado para isso. Tente perceber a corrupção também em nível social antes de ir para a política.

Dinamizando o encontro: colocar cartazes espalhados com expressões como "furar fila", "ocupar vagas para deficientes sem o ser", "ficar com o troco dado a mais" ou outras situações de corrupção presentes no cotidiano da sociedade. Pedir que os adolescentes olhem para as frases e digam se fazem isso ou não. Depois, perguntar se quem faz isso é corrupto. Isso pode ajudar a entender a corrupção para além de uma situação partidária.

Fala sério!

Precisamos perceber que não existe corrupção aceitável. Furar a fila para comprar o lanche no intervalo é errado tanto quanto é errada a corrupção no mundo da política, mesmo que as consequências dessas atitudes sejam diferentes.

Corrupção

Para facilitar a conversa, o *Livro do catequizando* nos traz o conceito de corrupção. O importante é entendermos que sempre que há corrupção, alguém é prejudicado ou tem seu direito desrespeitado.

Atividade

Pedir que os catequizandos citem exemplos de atitudes corruptas é uma forma de trazer o tema para o cotidiano. Por isso mesmo, incentive-os para que pensem exemplos bastante concretos e cotidianos.

#FicaADica

O texto e a canção indicadas querem justamente enfatizar que a corrupção não se limita à esfera política. É preciso providenciar os instrumentos tecnológicos caso a canção "Unimultiplicidade" e o poema "Só de sacanagem" sejam utilizados no encontro. Pedir para que os catequizandos indiquem de qual frase mais gostaram ou qual mais chamou sua atenção e o porquê. Tanto o poema quanto a canção ilustrarão o que está sendo trabalhado em nosso tema.

A Palavra de Deus e nossas escolhas

O texto de 1Cor 6,12-14 está num contexto bastante específico. No *Livro do catequizando*, procuramos falar sobre esse contexto e as motivações de Paulo. É importante enfatizarmos que precisamos ter critérios para nossas escolhas. No contexto de nosso tema dizemos que nosso critério é a permanência no amor de Deus.

Ecologia

A poluição está diretamente relacionada com as escolhas que fazemos. Ela é consequência do lixo despejado em lugares impróprios. Sabemos que o maior problema da poluição está relacionado à falta de tratamento do esgoto e os resíduos industriais. Esses temas são importantes e devem ser trabalhados. Mas, para trazer o tema para uma realidade mais próxima dos catequizandos, podemos falar de reciclagem de lixo ou de falta d'água.

Situação infantil

Uma outra situação trazida dentro do tema é o tratamento dado às crianças. Elas não podem escolher. Por isso são importantes as políticas públicas de assistência às crianças. Ao trazermos as realidades do aborto, das crianças moradoras de rua e a falta de escola, não queremos dizer que uma delas é menos importante, mas queremos criar uma situação para que os catequizandos conversem sobre a situação daqueles que, num primeiro momento, não são capazes de escolher.

Os idosos

Os idosos enfrentam uma situação muito parecida com a das crianças. Eles necessitam de ajuda, seja das outras pessoas ou dos poderes públicos. Muitos catequizandos podem ter idosos em suas famílias. Partilhar essas situações é importante, pois traz realidade ao tema.

Dinamizando o encontro: se possível, fazer uma visita a um asilo. O contato com os idosos pode sensibilizar os catequizandos para a realidade do fim da vida e do abandono que muitas vezes os idosos enfrentam. Se for possível, visitar um asilo que fuja desse estereótipo do abandono também pode ser uma experiência interessante.

Sexualidade

Este assunto, dentro do nosso tema, é tão complexo que mereceria ser um único encontro. Não podemos falar de escolhas e não falar de sexualidade. Nossos adolescentes fazem inúmeras escolhas relacionadas ao seu corpo e à sua relação com os outros, e precisamos falar disso também na catequese.

Com a questão a ser respondida pelos catequizandos queremos ressaltar a importância da tomada de consciência de que as escolhas ligadas à nossa sexualidade são, muitas vezes, irreversíveis. DST's e gravidez são dois assuntos que devem ser tratados, além de outros tantos assuntos, como uso de preservativos e sexo antes do casamento. Busque não ser proibitivo. Isso não significa ser permissivo e acreditar que essas situações são válidas. Não ser proibitivo significa não iniciar a conversa dizendo o que não deve ser feito, mas escutando as motivações e situações trazidas pelos catequizandos e argumentando, sempre iluminados pelos ensinamentos de Jesus e da Igreja, considerando as consequências de nossos atos.

◆ E a nossa Igreja com isso?!

Trouxemos no *Livro do catequizando* o exemplo da Pastoral Vocacional. Muitas vezes ela está ligada à animação vocacional dos seminaristas, mas é importante lembrarmos que ela se trata de uma pastoral orgânica. Isso significa que ela está ligada a todas as outras pastorais, auxiliando na animação vocacional também dos leigos. Quando um jovem ou uma jovem se sente motivado a ser catequista, está realizando sua vocação. Quando alguém se coloca a serviço na sociedade através de sua profissão, também está realizando a sua vocação cristã de servidor.

Se for oportuno, possibilitar o contato com a equipe de Pastoral Vocacional, ou mesmo com o próprio padre, com a intenção de falar sobre a vocação leiga. Pedir que falem sobre a importância dos leigos, tanto na comunidade, quanto na sociedade.

TEMA 6

Não foi bem como eu queria. E agora?

Objetivos do tema

- Reconhecer a finitude, o erro e a perda como partes da vida humana.
- Compreender as várias situações que mostram a vida como processo e não como somas de erros ou acertos.
- Identificar a necessidade de assumir a ressurreição como horizonte e referência para a atitude humana.

Vivemos numa cultura marcada pela competição e que prega o sucesso como horizonte. Passar no vestibular, conseguir a vaga de emprego, namorar o rapaz ou a moça mais bonita ou bem-sucedida são alguns exemplos de situações vividas pelos adolescentes. Até aí não há maiores problemas, afinal, queremos sempre o melhor. O problema começa quando achamos que alcançamos o sucesso sem considerarmos que a vida é um processo.

O erro não é necessariamente incompetência. Erramos porque somos humanos. A finitude também faz parte da vida. Somos como o grão de trigo do Evangelho de João 12,23-28. Se não morremos, não damos fruto. Não há germinar da planta sem a morte da semente, não há sucesso sem esforço e abdicação, não há aprendizado sem os erros de quem não sabe. Nenhum atleta olímpico vencerá uma competição logo na primeira tentativa. Provavelmente, um ginasta leva muitos tombos e isso não significa seu fracasso. Mas e quando erramos ou perdemos, como lidar com isso? Longe de nos acomodarmos, queremos ser humanos e entender que não teremos tudo nem venceremos sempre.

O ERRO E A PERDA COMO PARTE DA VIDA

E AGORA o encontro...

Tira de quadrinhos

Nosso personagem da tira de quadrinhos quer nos dar a tônica de nosso tema: longe de nos acomodarmos, queremos perceber nossa limitação e os erros como parte de um processo de aprendizado. Não deu certo? Continuaremos tentando.

Atividade

Demos alguns exemplos de perda e competição. Mas nem sempre essas são as situações vividas pelos catequizandos. A atividade tem o objetivo de aproximar o tema da realidade vivida pelos adolescentes.

#FicaADica

A indicação da canção de Toquinho tem o objetivo de ilustrar o modo como nos relacionamos com o erro. O clipe é uma animação que busca ilustrar essa situação. Ninguém é perfeito e é preciso nos aceitarmos da maneira que somos. Isso não significa nos acomodarmos. Significa nos entendermos como pessoas.

Se for oportuno o uso do clipe no encontro, é preciso providenciar projetor e som, para que o clipe seja visto e ouvido. Antes de passar o clipe, converse sobre o nome da canção, "Errar é humano". Pergunte o que os catequizandos acham do título. Depois, deixe que assistam o clipe. Não faça muitos comentários. Primeiro escute a opinião deles. Há muitos personagens no clipe. Pergunte o que eles pensam sobre o modo como os personagens são colocados.

Ganhar ou competir?

Nosso discurso deve se aproximar da vida cotidiana de nossos catequizandos. Por isso mesmo não podemos dizer que competir não é importante. Eles escutarão algo que não enxergarão na vida cotidiana. A sociedade onde vivemos é repleta de competição. Nosso princípio deve ser o modo como competimos: com lealdade, honestidade e humanização. Nossa vida não é uma competição onde ganhamos ou perdemos. Na vida ninguém deve ser visto como um fracasso. As pessoas vivem, e o mais importante é que vivam de acordo com seus próprios critérios de sucesso.

O que nos fala a Palavra de Deus sobre perdermos?

O exemplo do grão, utilizado pelo evangelista João (12,23-28), é muito bom para entendermos que a vida é um processo, que somos finitos e não podemos ter tudo. Se o grão não morre, não produz fruto.

Dinamizando o encontro: levar sementes para que os catequizandos vejam. Levar também pequenas plantas. Se perto do local onde o encontro acontece houver árvores, levar os catequizandos até lá. Outra possibilidade é organizar o ambiente com um crucifixo e ao redor colocar as sementes e as pequenas plantas. O catequizando poderá perceber que o texto de Jo 12,23-28 se refere à cruz de Jesus. Perguntar como eles percebem o texto bíblico vendo as sementes e as plantas. Também pode ser utilizada a canção "Não vou me adaptar", dos Titãs. Ela fala do adolescente que vive as transformações. O personagem vive uma crise: ele não é mais a criança que era, nem ainda o adulto que será.

▶ *Fala sério!*

O texto de Jo 12,23-28 fala sobre a crucificação de Jesus. Sua morte é vista pelo evangelista como uma opção pela vida que renasce. Jesus nos deixa seus ensinamentos e a proposta de vida. Assim também são as pessoas: elas podem nos deixar boas mensagens. Os catequizandos podem perceber que a morte não é o final de tudo.

▶ *Trocando ideias*

A melhor maneira de lembrar das pessoas que morreram não é pela tristeza da ausência, mas pela alegria das boas lembranças. Procure construir uma ideia positiva da morte a partir da vida dos santos. Eles morreram e nos deixam bons exemplos.

Dinamizando o encontro: traga imagens ou ilustrações de santos. Pergunte se os catequizandos sabem algo sobre a vida desses santos ou de outros que eles conheçam. Eles foram exemplo pelo que fizeram em vida e nos deixam o exemplo de como seguir a Jesus.

Rezar pelos mortos

Rezar pelos mortos é importante para nós que ficamos. Acalma-nos o coração e nos dá esperança de que estejam junto de Deus. Terminar uma discussão sobre a morte com uma oração é importante para que não seja uma discussão tensa e triste.

Perda X fracasso

Perder e fracassar são situações bastante diferentes. Errar faz parte da vida. O fracasso é o modo como enxergamos a situação. É importante entendermos que, humanamente, ninguém fracassa. Cada pessoa tem sua história e seu processo. O fracasso só acontece quando desistimos.

Atividade

Falamos da perda, mas trouxemos poucas situações que façam parte da vida concreta dos adolescentes. Elas estarão na segunda parte do tema. A atividade funciona como uma ligação entre a primeira e a segunda parte. Faça uma "chuva de ideias" com os catequizandos, um levantamento dos assuntos que podem ser trabalhados dentro dos temas.

SITUAÇÕES QUE FAZEM PARTE DE NOSSA VIDA

E AGORA o encontro...

A minha amizade acabou...

A adolescência é um período da vida onde as amizades são intensas. Os adolescentes consideram a opinião de seus amigos até mais que a opinião da própria família. Quando uma amizade termina, seja por um desentendimento, seja por uma mudança de endereço, o adolescente se vê diante de uma situação de intenso sentimento de perda. Procure conversar com os catequizandos sobre a forma como eles vivem suas amizades e que importância dão a elas.

Trocando ideias

Nosso objetivo é falar sobre a possibilidade de perder um amigo ou uma amizade. O *Trocando ideias* é espaço para contemplarmos alguma situação vivida por algum catequizando e que não foi retratada no livro.

Papo cabeça

As amizades são importantes. Muitos amigos acompanham toda a nossa vida. Jesus também teve seus amigos e eles foram importantes para sua missão. Amigos nos incentivam, participam de nossa vida compartilhando de nossas alegrias e nos acompanhando em nossa tristeza.

Dinamizando o encontro: ouvir a canção "Abençoe, Senhor, meus amigos", do padre Zezinho. Providenciar a letra para que os catequizandos acompanhem. Depois, dar espaço para que os catequizandos partilhem qual a situação retratada na canção com a qual eles mais se identificam. A canção também é uma forma de rezar o assunto.

E agora? Meu namoro acabou

A adolescência é um período onde os relacionamentos começam a ter mais intensidade. Muitas vezes, os adolescentes iniciam um namoro e dedicam todo o seu tempo e intensidade a essa relação. Isso faz parte do próprio modo de ser dos adolescentes. Quando um namoro termina, o adolescente pode viver o luto com a mesma intensidade, o que não é muito saudável para ele. Por isso mesmo é preciso pensar o namoro a partir do valor que ele tem, nem o subestimando, nem o supervalorizando.

Fala sério!

Não podemos viver o namoro como se fosse um relacionamento definitivo. Isso não significa banalizá-lo. Mas os compromissos que são próprios do matrimônio são consequência de um Sacramento celebrado.

Papo cabeça

Para que esta conversa possa acontecer é necessário que eles conheçam um pouco sobre o Sacramento do Matrimônio e o compromisso do casamento. Sendo um Sacramento, o Matrimônio é um compromisso assumido diante da comunidade, que tem a intenção de ser vivido pela vida toda. O namoro é um momento onde duas pessoas buscam se conhecer melhor para saberem se podem assumir um compromisso mais duradouro e intenso. Mas há situações bastante práticas, como morar na mesma casa ou não. Se for oportuno, inicie a discussão pelas questões práticas.

E agora? Acabou o casamento de meus pais

Mesmo sendo um Sacramento, alguns casais se separam. Falar sobre a separação e a acolhida dessas pessoas no convívio comunitário não significa desvalorizar o Sacramento. Iluminados pelas palavras e atitudes do papa Francisco, precisamos assumir uma postura inclusiva e não excludente. Os catequizandos que passam pela situação de divórcio podem sofrer, e a catequese pode ser um lugar de acolhida e conforto.

Cabe aqui uma advertência: discutir a separação e o divórcio não pode fazer do encontro de catequese um momento de julgamento e condenação daqueles que passam por essa situação. Nosso discurso deve ser de acolhida.

▶ Trocando ideias

Compartilhar uma situação vivida por alguns dos catequizandos no ambiente familiar pode ser uma forma de humanizar o tema, trazendo-o para perto da realidade vivida pelos adolescentes. Esse momento não pode ser uma forma de evidenciar alguma família que é diferente, depreciando-a.

A triste dor de perder o emprego

O desemprego é muito cruel por desestabilizar a vida da pessoa que passa por essa situação não só nas questões financeiras, mas em vários outros aspectos. Os relacionamentos sociais ficam enfraquecidos, os relacionamentos familiares se abalam e até o comprometimento eclesial fica ameaçado. Uma pessoa desempregada se sente diminuída e evita se expor.

Não queremos fazer uma reflexão social, apesar de ela ser importante, mas queremos entender como a pessoa que passa pela perda do emprego se sente. Muitos catequizandos podem ter familiares que passam por essa situação.

▶ Papo cabeça

Com o *Papo cabeça*, queremos humanizar a discussão. Vivemos num sistema que não tem emprego para todas as pessoas. Sempre haverá desempregados. Isso é muito cruel, pois não basta a pessoa ter vontade. Mesmo assim, ela poderá ser vítima de um sistema que exclui algumas pessoas, pois não consegue dar emprego a todos.

Perder a vida por causa das drogas ou da violência

Drogas e violência fazem parte de nossa sociedade e estão intimamente relacionadas. Muitos usuários de drogas roubam e matam para poderem fazer uso de entorpecentes. Também temos o crime organizado e o tráfico de drogas, que sustentam um esquema de violência.

Mas, aqui, queremos falar do usuário. Ele é quem mais perde dentro desse esquema desumano. É preciso que o catequizando perceba que o caminho das drogas é sedutor num primeiro momento, mas se torna trágico em um curto período.

▶ *Fala sério!*

Precisamos conversar sobre as consequências das drogas com os nossos catequizandos. Somente olhando para as consequências é que eles tomarão consciência dos prejuízos que elas causam.

Dinamizando o encontro: se for oportuno, levar alguém da Pastoral da Sobriedade para falar com os catequizandos. Também pode ser agendada uma visita a alguma casa de recuperação. O contato com aqueles que sofreram as piores consequências pelo uso de drogas pode ser um bom meio para conscientizar os adolescentes sobre os prejuízos que elas causam.

▶ *Papo cabeça*

Há tempos, a violência era assunto apenas nas grandes cidades e metrópoles. Hoje, vemos que ela se torna assunto em qualquer cidade, e muitas vezes nos percebemos em meio a uma sociedade violenta. É preciso entender que a violência não acontece unicamente pela maldade das pessoas. A sociedade se torna violenta principalmente pela desigualdade social e pela falta de oportunidades iguais a todas as pessoas. Será que somos capazes de olhar para a questão da violência para além de nós mesmos?

A maior das perdas: a morte

A vida é nosso maior dom. Quando a perdemos, perdemos a possibilidade de viver e transformar qualquer situação. A vida é condição para que o ser humano realize o plano de Deus na relação com as outras pessoas.

Luto e depressão

A depressão é considerada por alguns a maior doença da atualidade. E é importante olharmos para ela como doença e não como falta de vontade de quem vive essa realidade. Quem vive a depressão perde a vontade de viver. Existem variações e diferentes intensidades da depressão. Algumas pessoas ficam levemente deprimidas e outras têm casos tão graves que pensam em tirar a própria vida. É preciso entender isso para que não pensemos que todas as pessoas que têm depressão vivem a mesma situação.

Tudo caminha para Deus

Nosso tema falou das perdas. Não queremos criar a sensação de que esse é um tema muito triste e tenso. Ao entendermos que nossa vida caminha para Deus, reafirmamos nossa esperança e nossa fé no Deus que busca o bem de toda a sua criação. Nosso referencial será a ressurreição e a vida como plano de Deus para todo ser humano.

A Palavra de ressurreição

Os discípulos de Jesus viram na ressurreição a realização do projeto de Deus para toda a humanidade. Com a ressurreição a cruz ganha sentido, e os discípulos passam a ter mais esperança. Com a ressurreição de Jesus, também nossa vida passa a ter novo sentido, e as realidades de perda que vivemos se relativizam.

Papo com Deus

É preciso rezar a ressurreição. Ela não pode ser uma teoria. Ela deve ser vivenciada. Quando rezamos a ressurreição de Jesus, percebemos que ela é realidade também para nossa vida, pois modifica nosso modo de ser e agir no hoje.

Toda vez que percebemos a vida que renasce ou reafirmamos nossa esperança em Deus, temos sinais de ressurreição em nossa vida. Cada pessoa que se compromete com a vida, cada amizade que se fortalece, cada família que se une é sinal de ressurreição.

Dinamizando o encontro: aproveitando a cruz utilizada na primeira parte do tema, distribuir flores para os catequizandos. Cada catequizando diz um sinal da ressurreição em sua vida, colocando a flor perto da cruz.

#FicaADica

A canção "Tudo novo de novo", de Paulinho Moska, quer nos lembrar que a vida se renova. Nem a morte é capaz de pôr fim em nossa esperança, pois a ressurreição nos dá um horizonte escatológico. Exemplo disso são os mártires, que entregam sua vida porque acreditam que o projeto de Jesus vai muito além de nossa existência no mundo.

Se for oportuno, utilizar a canção no encontro, providenciar aparelho para tocá-la e letra, para que os catequizandos acompanhem. Pedir que eles digam qual o trecho de que mais gostaram. Depois, pedir para que partilhem como enxergam essa renovação na vida deles.

E a nossa Igreja com isso?!

No *Livro do catequizando*, trazemos o exemplo da Pastoral da Sobriedade e sua dedicação no auxílio aos dependentes químicos. É importante que o catequista se informe do assunto. Essa Pastoral tem um método de trabalho (os 12 passos), e pode ser que os catequizandos tragam dúvidas.

Se for oportuno, é importante possibilitar o contato dos catequizandos com os membros da Pastoral da Sobriedade. Se a sua comunidade ou a sua cidade contam com alguma casa de recuperação, pode ser conveniente uma visita. Busque deixar claro aos pais do que se trata, para evitar qualquer mal-entendido.

TEMA 7

Convivendo e aprendendo na cidade onde moramos

Objetivos do tema

- Reconhecer a cidade como ambiente onde está inserida a vida do adolescente.
- Identificar as várias situações que fazem parte da vida da cidade.
- Compreender a necessidade de assumir uma vivência cristã nas relações urbanas.

Moramos na cidade, e entender como ela funciona é importante para vivermos melhor e percebermos como a ação de Deus acontece, bem como o modo como a comunidade pode exercer sua função de evangelização e sua presença na sociedade. As cidades são bastante diferentes umas das outras. Umas podem trazer características mais interioranas e até rurais, outras podem ter o ritmo frenético das grandes metrópoles, e outras ainda podem trazer as duas características, tendo ao mesmo tempo os problemas e as características das grandes cidades e a tranquilidade e as tradições das sociedades rurais. Por isso, acreditamos que este tema precise de momentos para que sejam trabalhadas as características próprias da cidade dos catequizandos. É importante que sejam levantados alguns dados, para que o tema seja melhor trabalhado, como o número de habitantes, a história da cidade (data de fundação, significado de seu nome), e mesmo a história de sua paróquia e da Igreja Católica em sua cidade, para entendermos como a comunidade eclesial dialoga com a vida na cidade.

Diferente dos outros temas, este não está dividido em dois encontros. Mas isso não significa que ele tenha que ser desenvolvido num único dia. Aproveite a ocasião para falar da cidade onde moram. Se for oportuno, passeiem por ela. A comunidade está na cidade e quer se fazer presente nesse ambiente.

E AGORA o encontro...

Fala sério!

Por trás da vivência em sociedade está o fato de termos como característica a vida em sociedade. Diferentemente de outros animais, não vivemos sozinhos. Para que os catequizandos possam compreender a ideia do tema, busque conversar com eles sobre como as pessoas podem fazer falta para a nossa vida.

Atividade

Ao dizer com qual das imagens a cidade se parece, os catequizandos começarão a delimitar o perfil da cidade onde vivem. A ideia é conhecer melhor a cidade.

Trocando ideias

Cada pessoa tem uma percepção diferente do local onde vive. Como os catequizandos provavelmente moram no mesmo bairro ou redondezas, a percepção que eles têm da cidade pode ser bastante próxima.

Conhecendo um pouco melhor nossa cidade

Esta atividade tem como intuito trazer algumas informações sobre a cidade. Como essas informações precisam ser pesquisadas, pedir que os catequizandos as reúnam antes, ou então o próprio catequista pode levar as informações para o encontro.

Atividade

Este é o momento de os catequizandos procurarem conhecer melhor a cidade na perspectiva das relações que eles estabelecem com ela.

Dinamizando o encontro: se sua cidade tiver jornal local, pode levar um número de jornais, não tão antigos, para que os catequizandos possam recortar notícias sobre os acontecimentos da cidade. Depois, pode ser confeccionado um painel mostrando as coisas boas e os problemas que existem na cidade onde moram.

A cidade é convívio e ajuda

Uma cidade nasce, sobretudo, para agrupar prestação de serviço. Podemos também chamar isso de emprego. Numa sociedade rural, as pessoas não precisam viver em cidades. Em geral, elas produzem aquilo de que necessitam para viver. Aquilo que elas não produzem, conseguem na troca de sua produção com a vizinhança. A cidade nasce junto com a indústria e a criação dos empregos.

▶ *Papo cabeça*

Os adolescentes ainda são novos para decidirem que profissão querem ter. Por isso mesmo, o *Papo cabeça* deve acontecer mais na intenção de diminuir a responsabilidade existente na escolha da profissão. Leve-os a pensar em como as profissões são importantes para a vida da cidade.

▶ *Fala sério!*

Toda profissão é importante para a vida da cidade. É importante entender que a cidade funciona a partir da troca entre os serviços.

▶ *Trocando ideias*

Quais as profissões que são importantes para que a vida na cidade aconteça? Queremos ilustrar o *Fala sério* com a ideia de que não há uma profissão mais importante que a outra. Seria um lixeiro menos importante que um advogado? Acreditamos que todos são importantes.

A cidade de Jesus

Jesus se envolveu profundamente com a vida da cidade onde vivia. Ele se envolve com o povo de Nazaré, local onde é criado. Vive intensamente a vida desse povoado. O texto de Mt 4,12-25 nos ajuda a entender como Jesus valoriza a vida do povoado de Nazaré. A exemplo de Jesus, também nós somos chamados a participar da vida de nossa cidade, construindo nela um lugar melhor para se viver.

▶ *Papo com Deus*

A Leitura Orante a partir de Mt 4,12-25 pode ser um momento de percepção da importância que as pessoas têm na vida de Jesus. Ele não quis viver sozinho, mas se relacionava com as pessoas que viviam em Nazaré, na Galileia. A Leitura Orante desse texto pode nos ajudar a perceber que o relacionamento com as outras pessoas nos completa.

Dinamizando o encontro: trabalhar com redes, peixes de papel e barcos. Pedir que os catequizandos escrevam seus nomes nos barcos e depois os coloquem em local preparado, simulando um lago. A mesma dinâmica pode ser realizada escrevendo os nomes nos peixes e colocando-os na rede. Todos convivemos na mesma cidade e por isso somos chamados a nos relacionar, assim como Jesus fez.

Continuando o texto...

Também nós, como Igreja, somos chamados a nos envolver com o local onde moramos. A Igreja não deve estar isolada da sociedade, mas deve estar a serviço dela. Para entender como a Igreja se relaciona com a cidade, há algumas pesquisas numéricas como número de paróquias e o nome da cidade sede da diocese. É preciso que o catequista faça uma pesquisa prévia. Depois, essa pesquisa deve servir de base para uma reflexão sobre a relação da comunidade com a sociedade. Busque inteirar o catequizando da vida da comunidade, paróquia e diocese onde ele reside.

▸ *#FicaADica*

A canção "Um certo galileu" do Pe. Zezinho, ajuda-nos a entender o quanto Jesus se envolveu com o povo da Galileia e com as pessoas de seu povoado, que eram dominados pelo Império Romano. A canção demonstra o envolvimento de Jesus tanto com aqueles que eram mais próximos dele, como com as estruturas sociais de seu tempo.

Se a canção for usada no encontro de catequese, providenciar aparelho para reprodução e letra, para que os catequizandos acompanhem a canção. Pedir que os catequizandos busquem identificar quais elementos da canção têm relação com a vida na cidade.

▸ *E a nossa Igreja com isso?!*

As pastorais sociais são parte importante na relação da Igreja com a sociedade. Elas buscam estabelecer uma relação de serviço com aqueles que estão fora da comunidade eclesial. Para que os catequizandos conheçam os trabalhos sociais da comunidade é importante colocá-los em contato, ou com os agentes de pastoral, ou com os próprios trabalhos.

Dinamizando o encontro: se for possível, é importante que os catequizandos tenham contato com agentes da Pastoral Fé e Política. Caso sua paróquia ou comunidade não tenha, seria interessante o contato dos catequizandos com alguma pastoral social, que são aquelas que desenvolvem algum trabalho fora do ambiente eclesiástico (religioso institucional). Já vimos durante os encontros várias pastorais sociais como a da Criança ou mesmo os Vicentinos.

TEMA DE ENCERRAMENTO

Jesus faz a diferença

Objetivos do tema

- Identificar a CP como parte de um processo gerador de vida.
- Identificar a vida em plenitude na perspectiva do catequizando.
- Apontar para a vivência do discipulado dentro da perspectiva eclesial e pastoral.

A CP é uma etapa que faz parte de todo um processo catequético. Por isso, não podemos dissociá-la da catequese como um todo. Consequentemente, não podemos entender que a catequese acabou. Acaba uma etapa. Os catequizandos continuarão a participar do processo catequético na Crisma e na vida em comunidade.

É importante entendermos que os catequizandos devem ver na catequese muito mais que a preparação para um Sacramento. Eles buscam Jesus como o horizonte a ser seguido, como aquele que dá sentido às suas vidas, aquele que faz a diferença.

Uma catequese que busque a vida plena deve ser a diretriz de nosso tema. Durante o desenvolvimento do encontro, buscaremos fazer uma retrospectiva dos temas trabalhados durante a CP, para que os catequizandos possam entender que Jesus quer fazer a diferença em suas vidas de adolescentes.

E AGORA o encontro...

Atividade

O espaço reservado para a retrospectiva é uma forma de auxiliar os catequizandos a lembrarem dos temas trabalhados. A atividade também pode servir como uma espécie de avaliação. Percebendo o caminho que percorreram do início da CP até o seu final, os catequizandos terão melhores condições de perceber a ação de Deus e o processo catequético.

Dinamizando o encontro: colocar no centro da sala uma folha grande de papel, para que os catequizandos escrevam os temas que foram trabalhados.

Lembramos que não são os títulos dados e sim os próprios temas (ex. drogas, a cidade, amizade, namoro, família etc.). Pedir que os catequizandos folheiem o livro de catequese para se lembrarem dos temas.

Trocando ideias

A catequese deve buscar ser eficaz, ou seja, alcançar resultados. O maior resultado que poderia ser alcançado é o encontro do catequizando com a pessoa de Jesus. Esse encontro só é percebido quando a vida do catequizando se transforma. No nosso tema, dizemos que Jesus quer fazer a diferença na vida dos catequizandos. É importante sempre falarmos de situações concretas. Jesus quer mudar nossa vida concretamente.

Jo 10,1-18

O texto bíblico sugerido para a leitura compara Jesus ao pastor. É importante não infantilizarmos a leitura. Não estamos falando com crianças que poderiam confeccionar carneirinhos de algodão. Ser pastor significa dar rumo, sentido, cuidar. A adolescência é um período da vida em que precisamos de cuidados. A experiência de Jesus como pastor pode possibilitar ao adolescente se sentir cuidado por um Deus que quer que tenhamos vida.

Atividade

O texto de Jo 10,1-18 traz dois personagens: o pastor e o ladrão. A atividade tem o objetivo de descrever a postura dos dois personagens. Os catequizandos podem ler novamente o texto bíblico, para escreverem as características dos dois personagens, analisando-as.

Trocando ideias

A comunidade tem o desafio de auxiliar na missão do pastoreio de Jesus. Na prática, como isso acontece em sua comunidade? Uma comunidade não deve se acomodar, assistindo apenas aqueles que se encontram no convívio eclesial. Como Jesus, a comunidade é chamada a acolher àqueles que precisam de ajuda.

Atividade

Os pastores não fazem parte de nossa realidade. Essa atividade tem o objetivo de trazer o exemplo utilizado pelo evangelista João para o contexto dos adolescentes. O pastor é aquele que cuida, zela, alimenta, trata as enfermidades. Ele também se arrisca pela ovelha quando alguma delas se perde do rebanho

Dinamizando o encontro: dependendo do número de catequizandos, dividi-los em grupos, para que preparem, rapidamente, uma encenação, buscando atualizar a figura do pastor. Em nossa sociedade, há exemplo de posturas que poderiam ser comparadas à do pastor?

Papo com Deus

O Salmo 23(22) é uma oração baseada na figura do pastor. Ele é um salmo bastante conhecido. Busque levar os catequizandos a perceberem o pastor como aquele que acompanha as ovelhas, cuida de suas feridas, busca alimentação e dá segurança a elas. É um ótimo salmo para Leitura Orante. Dar bastante atenção à atualização do salmo. O que significa, para os adolescentes, ser cuidado por Deus?

Fala sério!

O pastor nos leva a perceber que Deus convive conosco. Deus não é uma teoria. Somos chamados a percebê-Lo em nosso cotidiano.

E a nossa Igreja com isso?!

Toda pastoral é uma tentativa de colocar em prática o pastoreio de Jesus. Busque dar espaço para que os catequizandos partilhem suas experiências pastorais. Talvez alguns catequizandos já participem ou tenham pais, mães ou parentes que se envolvem nos trabalhos comunitários. Também pode ser que alguns já tenham sido beneficiados pelo trabalho de alguma pastoral. É importante incluir nesse trabalho também os movimentos e serviços da comunidade, como por exemplo os Vicentinos, que não são denominados pastoral, mas um serviço prestado pela comunidade. Busque facilitar a atividade dando exemplo dos serviços prestados pela comunidade, vendo se algum catequizando foi assistido pela Pastoral da Criança ou dos Enfermos, ou ainda se alguém de sua família faz parte de algum grupo de jovens (Pastoral da Juventude).

BIBLIOGRAFIA

ALMEIDA, Maria Isabel Mendes de; EUGENIO, Fernanda (orgs.). **Culturas jovens**: novos mapas do afeto. Rio de Janeiro: Jorge Zahar ED., 2006.

BRIGHENTI, Agenor. **A pastoral dá o que pensar**: a inteligência da prática transformadora da fé. São Paulo: Paulinas; Valência, ESP: Siquem, 2006. (Coleção livros básicos de teologia, 15)

CARVALHO, Alysson; SALLES, Fátima; GUIMARÃES, Marília (orgs.). **Adolescência**. Belo Horizonte: Editora UFMG, 2009. (Infância e adolescência)

Catecismo da Igreja Católica. 2 ed. São Paulo: Paulus: Paulinas: Edições Loyola: Ave Maria, Petrópolis, RJ: Vozes, 1993.

CELAM. **Documento de Aparecida**: texto conclusivo da V Conferência Geral do Episcopado Latino-Americano e do Caribe. Brasília: Edições CNBB; São Paulo: Paulus; Paulinas, 2007.

CNBB. **Catequese renovada:** orientações e conteúdo. São Paulo: Paulinas, 1984. (Documentos da CNBB, 26).

_____. **Comunidade de comunidades: uma nova paróquia**. São Paulo: Paulinas, 2014. (Documentos da CNBB, 100).

_____. **Diretório nacional de catequese**. 5 ed. São Paulo: Paulinas, 2007. (Documentos da CNBB, 84).

_____. **Diretrizes gerais da ação evangelizadora da Igreja no Brasil 2011-2015**. São Paulo: Paulinas, 2011. (Documentos da CNBB, 94).

Comissão Episcopal Pastoral para o Laicato - Setor Juventude. **Aos jovens com afeto**: subsídios afetividade e sexualidade – volume 1. Brasília: Edições CNBB, 2011.

_____. **Aos jovens com afeto**: subsídios afetividade e sexualidade – volume 2. Brasília: Edições CNBB, 2011.

Compêndio do Vaticano II: constituições decretos declarações. 30 ed. Petrópolis, RJ: Vozes, 1968.

FERREIRA, Nilson Caetano. **Iniciação cristã e catequese com adultos**. Petrópolis, RJ: Vozes, 2009. (Coleção metodologia e catequese)

FRANCISCO. Evangelii Gaudium. São Paulo: Paulinas, 2013.

GIL, Paulo Cesar. **Metodologia catequética**. Petrópolis, RJ: Vozes, 2007. (Coleção metodologia e catequese)

LARA, Valter Luiz. **A Bíblia e o desafio da interpretação sociológica**: introdução ao primeiro testamento à luz de seus contextos históricos e sociais. São Paulo: Paulus, 2009.

LELO, Antonio Francisco. **Catequese com estilo catecumenal**. São Paulo: Paulinas, 2014. (Coleção água e espírito)

LIBÂNIO, João Batista. **Jovens em tempo de pós-modernidade**: considerações socioculturais e pastorais. São Paulo: Edições Loyola, 2004.

_____. **Para onde vai a juventude?** São Paulo: Paulus, 2011.

MANTOVANI, Regina H. R.; GIL, Paulo Cesar. **Catequese e fé**: na alegria de crer e comunicar a fé. Petrópolis, RJ: Vozes, 2012.

PAGOLA, José Antonio. **Jesus**: aproximação histórica. Petrópolis, RJ: Vozes, 2010.

RAMÍREZ, Javier González. **Elementos básicos de didática catequética**: formação pedagógica do catequista. Petrópolis, RJ: Vozes, 2009. (Coleção metodologia e catequese)

RIBEIRO, Jorge Claudio. **Religiosidade jovem**: pesquisa entre universitários. São Paulo: Loyola: Olho d'Água, 2009.

RODRIGUES, Maria Paula (org.). **Palavra de Deus, palavra da gente**: as formas literárias da Bíblia. São Paulo: Paulus, 2004.

ROZA, Araceli G. X. da. **Espiritualidade do catequista**: uma resposta ao chamado de Deus. Petrópolis, RJ: Vozes, 2013.

VASCONCELLOS, Pedro Lima; SILVA, Valmor da. **Caminhos da Bíblia**: uma história do povo de Deus. São Paulo: Paulus, 2003. (Coleção estudos bíblicos)

Anotações

EDITORIAL EDITORA VOZES

CULTURAL
- Administração
- Antropologia
- Biografias
- Comunicação
- Dinâmicas e Jogos
- Ecologia e Meio Ambiente
- Educação e Pedagogia
- Filosofia
- História
- Letras e Literatura
- Obras de referência
- Política
- Psicologia
- Saúde e Nutrição
- Serviço Social e Trabalho
- Sociologia

CATEQUÉTICO PASTORAL
Catequese
- Geral
- Crisma
- Primeira Eucaristia

Pastoral
- Geral
- Sacramental
- Familiar
- Social
- Ensino Religioso Escolar

TEOLÓGICO ESPIRITUAL
- Biografias
- Devocionários
- Espiritualidade e Mística
- Espiritualidade Mariana
- Franciscanismo
- Autoconhecimento
- Liturgia
- Obras de referência
- Sagrada Escritura e Livros Apócrifos

Teologia
- Bíblica
- Histórica
- Prática
- Sistemática

REVISTAS
- Concilium
- Estudos Bíblicos
- Grande Sinal
- REB (Revista Eclesiástica Brasileira)
- SEDOC (Serviço de Documentação)

VOZES NOBILIS
Uma linha editorial especial, com importantes autores, alto valor agregado e qualidade superior.

VOZES DE BOLSO
Obras clássicas de Ciências Humanas em formato de bolso.

PRODUTOS SAZONAIS
- Folhinha do Sagrado Coração de Jesus
- Calendário de mesa do Sagrado Coração de Jesus
- Agenda do Sagrado Coração de Jesus
- Almanaque Santo Antônio
- Agendinha
- Diário Vozes
- Meditações para o dia a dia
- Encontro diário com Deus
- Guia Litúrgico

CADASTRE-SE
www.vozes.com.br

EDITORA VOZES LTDA.
Rua Frei Luís, 100 – Centro – Cep 25689-900 – Petrópolis, RJ
Tel.: (24) 2233-9000 – Fax: (24) 2231-4676 – E-mail: vendas@vozes.com.br

UNIDADES NO BRASIL: Belo Horizonte, MG – Brasília, DF – Campinas, SP – Cuiabá, MT
Curitiba, PR – Florianópolis, SC – Fortaleza, CE – Goiânia, GO – Juiz de Fora, MG
Manaus, AM – Petrópolis, RJ – Porto Alegre, RS – Recife, PE – Rio de Janeiro, RJ
Salvador, BA – São Paulo, SP